KB264872

청소용품 나라 김영목 CEO의 파란만장 경영 이야기

저작권자와 독점계약에 의해 도서출판 모아북스에 저작권이 있으므로 저작권법에 의해 한국 내에서 보호를 받는 저작물로 어떠한 형태로든 무단전재와 무단복제를 금합니다.

약속

1판 1쇄 인쇄 · 2007년 5월 3일
1판 3쇄 발행 · 2007년 5월 15일

지은이 · 김영목
발행인 · 이용길
발행처 · MOABOOKS 모아북스
영업 · 권계식
관리 · 윤재현
본문 디자인 · 이룸

출판등록번호 · 제10-1857호
등록일자 · 1999.11.15
등록된 곳 · 경기도 고양시 일산구 백석동 1332-1 레이크하임 404호
대표 전화 · 0505-6279-784
팩스 · 0502-7017-017
ISBN 978-89-90539-47-2   03320

· 좋은 책은 좋은 독자가 만듭니다.
· 독자 여러분의 의견에 항상 귀를 기울이고 있습니다.
  www.moabooks.com
· 저자와의 협의 하에 인지를 붙이지 않습니다.
· 잘못 만들어진 책은 구입하신 서점이나 본사로 연락하시면 교환해 드립니다.

약속

청소용품 나라 김영목 CEO의 파란만장 경영 이야기

모아북스
MOABOOKS

차 례

제 1 장
이 세상을 살아간다는 것

제 2 장

남들이 하지 않은 것을 찾아서

제 3 장

빗자루 하나로 시장을 점령하다

제 4 장
기회는 준비된 자의 몫

• • •

맨주먹 맨발로 창업의 꿈을 꾸고, 그 꿈을 키우는 방법을 솔직담백하게 보여주고 있으며, 끝까지 꿈을 포기하지 않고 끝없이 노력하면 언젠가는 창공을 날 수 있다는 미래가 보이는 경영서로 일독을 권한다.

조길영 국회환경포럼 정책실장 / 울산대 겸임교수

• • •

어떤 사람에게는 노하우가 자산이다. 또 대다수는 그 노하우를 쉽게 남들에게 전수해주지 않으려 한다. 하지만 김영목 사장은 노하우를 함께 나눔으로써, 나눔 속에서 더 큰 성공을 이룬다는 '새로운 노하우'를 제시했다.

장성철 호원대학교 경영학 교수

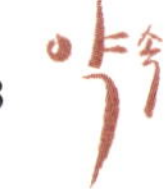

. . .

때로는 따뜻하고, 때로는 눈물겨운 것. 그것은 비단 영화나 소설뿐만이 아니다. 김영목 사장의 경영 이야기는 잘 짜여진 한 편의 드라마다.

김종석 개그맨 / 방송인

. . .

사회에 공헌하겠다는 한마디에 가슴이 뜨거워진다. 김영목 사장의 〈약속〉은 경영은 의지의 표명이며 사회를 위한 것이라는 점을 다시 한 번 돌이키게 한다.

정윤상 GNB영어 광주 본부장

. . .

인간은 늘 우연과 필연 사이에서 머문다. 이 책은 우연적 인생을 만들 것인가, 필연적 인생을 만들 것인가는 늘 자신에게 달려 있음을 말한다.

최성배 「쇼펜하우어 진실」 저자

하루에도 수없는 사람들이 창업을 고민하고 있다. 이
책은 창업이야말로 자신의 꿈을 펼칠 수 있는 무대이자,
그만큼 철저한 준비가 필요하다는 점을 상세한 예를 들어
소개하고 있다.

김영태 국가청렴위원회 위원

청소용품으로 국내 시장을 개척한 틈새시장의 안목
에 새로운 지평을 열었다.

이원근 LG전자 MC사업본부 차장

꿈을 꾸는 이들에게, 아니면 꿈을 잃은 이들에게, 또는
새로운 꿈을 꾸고자 하는 모든 이들이 읽기를 바랍니다.

김선아 카피라이터

• • •

사업에 성공하는 사람이야말로 사업의 자산임을 잘 알고 있다. 김영목 사장은 사람관계의 핵심을 틀어쥐는 방법을 몸소 체험한 사람이다. 의심과 반목 대신 믿음과 화해로 이끌어낸 그의 성공은 그래서 더욱 가치 있는 것으로 우리에게 새로운 감동을 전하고 있다.

윤재현 출판편집인

• • •

기록이 기억을 지배한다는 말이 있다. 아무리 험난한 과정에서도 자신만의 개성과 노하우를 발휘했던 김영목 사장의 기록이 바로 여기에 있다. 그의 기록은 수많은 사람들의 마음속에 강렬한 기억으로 남을 것이다.

최문 카와커피 대표

• • •

올해 책장 위에 꽂아놓고 싶은 가장 통쾌하면서도 진지한 책 1위로 선정하고 싶다.

박은희 주부

• • •

내가 만난 자기계발 책 중에서 가장 진솔하고 구체적인 내용들로 구성되어있는 책으로 모두에게 권하고 싶다.

이광철 삼성화재 광주상록 사업팀

• • •

사업에서 성공하고자하는 모든 이들에게 하나의 선물이 되는 책으로 누구라도 이 책을 읽고난 다음에는 인생이 변화될 수밖에 없다는 느낌을 받게 될 것입니다.

김경아 경영대학원생

약속은 누구에게나 힘든 일이다

우리는 누구나 약속을 하고 산다. 약속은 인간이 창조된 이래 인간과 인간 사이를 묶어주는 가장 단단한 끈이었다. 그 약속은 때로 타인과 나의 약속을 의미하기도 하고, 나 자신과의 약속을 의미하기도 한다. 그리고 그 안에서 우리는 새로운 꿈을 꾸고 현실을 함께 하며, 더불어 성장한다.

반면 때로 약속은 그 자신을 질타하는 채찍이기도 하다. 가장 지키기 어려운 것이 자신과의 약속이라면, 반드시 지켜야 하는 것도 자신과의 약속이다. 스스로와 한 약속은 누구한테도 말할 필요가 없으니 지키지 않아도 무방하다고 생각할지 모르지만, 사실은 그렇지 않다. 인간은 그 자체로 하나의 세계라고 했다. 내 안에 하나의 꿈을 두고 그를 이루고자 하는 것 자체가 세계라면, 나와의 약속을 지키지 않는 일은 그 세계를 무너뜨리는 것과 다름없기 때문이다.

나는 오래 전부터 스스로에게 약속해왔다. 많은 사업 관련 경영서들이 쏟아져 나오는 가운데 보다 쉽고 체험적인 경영서를 쓰고 싶었다. 그리고 그런 오랜 약속이 이처럼 세상의 빛을 보게 되었다.

내가 하고 싶은 말은 어쩌면 전체를 통틀어 하나일지도 모르겠다. 스스로 꿈을 꾸었다면 그 꿈에 대해 책임을 지라는 것이다. 이 책은 그 꿈에 대한 책임을 서술하고 있다. 사업을 시작하면서 내가 느꼈던 바를 타인들에게 전하고자 함이다.

사람들은 흔히 사업 하면 거창한 것만을 떠올린다. 번쩍번쩍한 외제 승용차에 화려한 주택과 누구나 자신에게 머리를 숙일 것이라고 생각한다.

　그러나 현실은 그렇지 않다. 사업이란 자신의 육신과 정신 모두를 불사르는 하나의 모험이다. 때로는 먼지구덩이에서 굴러야 하고, 찬밥 신세가 되어 홀로 눈물을 흘리기도 해야 한다. 우리 사회에 만연한 '사장이란 폼 나는 직함'이라는 선입견 자체를 버려야 한다는 뜻이다. 그런 의미에서 사업은 가장 자신과 가까운 것에서 시작해야 한다는 것이 나의 첫 생각이었다.

　현재 우리의 비즈니스 시장에는 많은 틈새사업들이 존재한다. 그 중에는 반짝 하다가 사라지는 것이 있는가 하면, 세월이나 외부의 영향 없이 공고히 자리를 지키는 사업들도 많다. 두 가지 다 돈을 벌기에는 충분하고 가치가 있다. 하지만 전자가 시류와 흐름을 탄 기회적인 사업이라면, 후자는 좀 더 구체적이고 장기적인 계획 속에서 탄생한다고 하겠다. 즉 틈새시장은 그것을 바라보는 획기적인 안목뿐만 아니라, 그것을 유지하고 지켜나가는 노력이 더욱 중요하다.

　처음 내가 공직에서 물러나 청소용품 사업을 시작할 때 주변에서는 가타부타 말이 많았다.

"이봐, 이왕이면 폼 나는 사업을 좀 선택해 봐."

"나라 녹 먹고살던 사람이 어디 빗자루 장사 할 수 있겠어?"

처음에는 그런 주위의 시선에 상처를 입기도 했고, 다른 분야를 생각하기도 했다. 그러나 지금 나는 청소용품 사업으로 자리를 잡아가고 있고, 그 어떤 폼 나는 사장들보다 열심히 일선에서 뛰고 있다. 폼 나는 많은 사업들이 잠시간의 호황 이후 추락할 때, 내 자식 같은 빗자루, 대걸레들은 끊임없이 팔려나가고 있다.

사업은 어디까지나 결과다. 다소 냉혹하지만 이는 변하지 않는 원칙이다. 또 자신의 사업에 애정이 없는 사람은 결코 좋은 결과를 이끌어낼 수 없다. 신제품 개발 때마다 나는 직접 빗자루를 쓸어보고, 걸레들로 책상을 훔쳐보고, 청소기를 돌려봤다. 모든 것이 내 손끝에서 나온다고 믿었기 때문이다. 그러다 보니 주변 사람들은 청소하는 전문가가 다 됐다고 놀리지만, 그조차도 반갑다.

이처럼 '사업은 폼 나는 것' 이라는 화려한 거품만 마음에서 걷어내고 철저히 준비만 한다면 누구나 성공할 수 있다는 것이 또 하나의 내 신조다. 일본에서는 젓가락 하나 만드는 일도 대를 물려서 한다. 사람들은 자신이 가장 보잘것없다고 생각하는 바로 그 제품들을 매일같이 사용하고 사들인다. 틈새시장이란 그런 것이다. 허위적인 겉포장이 아닌 실속에 눈을 돌리고, 온몸으로 덤벼들 수 있는 위험성이 적으면서도 수익은 알뜰한 시장 말이다.

이 책은 내가 청소용품 회사를 이끌어오면서 느꼈던 틈새사업 경영의 기본이 되는 개념들을 담았다. 창업을 하려는 사람이 읽으면 더욱 좋을 테고, 꼭 그렇지 않아도 좋다. 사업도 어차피 사람이 하는 일일진대 배울 바가 없지는 않으리라는 생각에서다.

나날이 살기 힘들어진다는 푸념이 늘어가는 요즘, 그럼에도 누군가는 돈을 벌고 부자가 되고 있다. 그것은 그 사람이 유독 잘나서가 아니다. 나는 그 사람에게는 꿈이 있고, 그 꿈을 통해서 이루고자 하는 어떤 뜻이 있어서라고 생각한다. 반면 그러지 못하는 사람들은 그렇다고 해서 낙오자는 아니다. 다만 조금 더 시야를 바꿔보면 얼마든지 기회를 얻을 수 있다는 점을, 다만 알지 못하는 것뿐이다.

　이 책은 그 기회에 대한 독려다. 많은 분들이 읽고 그저, '아, 꿈을 이룬다는 게, 대의를 꿈꾸고 그 속에서 사업을 해나간다는 게 그다지 어려운 일만은 아니구나' 하고 생각했으면 하는 것이 나의 바람이다. 그리고 그 자신과 새끼 손가락을 걸고 작고 큰 약속을 건네고, 또 그것을 지켜나갈 힘을 얻어간다면 더 바랄 것이 없겠다.

2007년 5월

김 영 목

제 1 장

이 세상을 살아간다는 것은

사람들이 그들의 가장 바람직한 모습이 될 수 있도록 도와주어라.

그리고 그들이 이미 가장 바람직한 모습이 된 것처럼 대하라.

-요한 볼프강 폰 괴테(Johann Wolfgang von Goethe)

믿을 수 있을 때까지 믿어라

"넌 네가 우연적인 존재라고 생각하냐, 아니면 필연적인 존재라고 생각하냐?" 술자리에서 흔히 이렇게 친구들에게 농담을 던지곤 한다. 나는 내가 이 세상을 우연히 태어나 우연히 살아간다고 생각해본 적이 없다. 우연의 반대는 필연인데, 이 우연과 필연이라는 단어 사이에는 넓은 홍해만큼이나 큰 차이가 있다.

자신을 필연적인 존재로 받아들이는 건 세상에 대한 자신의 사명을 의미한다. 스스로가 아무리 미약한 존재일지언정 누군가에게 도움을 주기 위해 태어났다고 생각하는 일이다.

나는 "인간이 할 수 있는 성공 중에 가장 첫 번째 것이자 가치 있는 일은 무엇인가?"라고 묻는다면 주저 없이 "살아있는 동안 얼마나 많은 사람들에게 얼마나 많은 헌신을 했는가."라고 답하고 싶다.

우리의 삶은, 늘 산 너머 산이다. 문제 하나를 해결하고 숨을 좀 돌리려면 또 다른 문제가 닥쳐든다. 이렇게 우리들은 살아가는 동안 수많은 문제와 역경 속에서 세상을 터득하고 삶의 노하우를 쌓아간다. 즉 문제가 일어나는 것이 괴롭다고 삶을 포기할 수는 없는 것이라 생각한다.

그리고 이렇게 생각하면 문제나 고난이 발생할수록 오히려 심장이 신나게 두근대고 마음은 정열로 들끓는다. 무슨 문제든 정면 돌파만 결심하면 시간은 걸려도 반드시 해결된다. 문제가 귀찮다고 골방 안에 숨으면, 그 골방 안에 숨어 있었던 시간만큼 반드시 어떤 보상을 하게 되지 않던가. 그럴 바에야 박차고 일어나 부지깽이 하나라도 들고 맞서는 것이 낫듯이, 무식할 정도로 두려움 없이, 계획을 가지고 움직이는 사람은 골방을 백 개 줘도 들여다볼 생각을 안 한다.

사람들은 인생을 긴 여행과 같다고 말하는데, 나는 그 여행의 목적지가 어디인가 보다는, 가는 길 동안 어떤 여행을 했는가가 중요하다고 생각한다. 이렇게 볼 때 우리들이 보내는 하루하루는 모두 인생의 여행이라고 할 수 있다. 늘 나약한 자신이 싫다면, 바로 오늘이 그런 나를 새롭게 변할 수 있는 기회로 삼는 것이다.

처음 청소용품사업을 하겠다고 했을 때 모두들 한심스러워 했다. 말도 안 되는 소리라고 지청구도 들었다. 귀에 딱지가 앉을 지경이었다. 미안한 말이지만 끝까지 내 편이 되어주겠지 했던 가족들까지 으레 걱정을 늘어놓았다. 그만큼 사업이란 어렵고 고단한 것으로 인식됐기 때문이다.

실제로 누가 그 작은 사업체가 지금의 회사로 성장할 것이라고 예상할 수 있었겠는가. 그렇다. 나는 아무것도 예상하지 못한 채 그저 스타트 라인에 섰을 뿐이다. 당시에는 달리기 위해 운동화 끈을 조이는 것 자체가 모험이었다. 그리고 그 바탕에는 내가 믿는 바가 옳다는 또 하나의 믿음이 있었다.

무엇을 시작한다는 것은 바로 이처럼 어떤 외부의 영향에도 흔들리지 않는 확고한 뿌리다. 만일 그때 내가 주변의 만류에 사업의 시작을 포기했더라면?

내 삶은 지금과는 백팔십도로 달랐을 것이다.

사람이 행운을 부른다

사업을 시작한 처음부터 지금까지 내게는 변하지 않는 하나의 신조가 있다. 바로 고객의 마음을 사로잡기 위해서는 고객의 마음속 뼛속까지 감동을 주어야 한다는 생각이다. 첫날 개점을 해서 보잘것없는 물건들을 팔 때도 나는 줄곧 그것만 생각하고 실행했다. 나중에 규모 확장과 수십 개의 납품업체를 가지게 되었을 때도 역시 그 생각만 했다.

결국 사람을 믿고 사람을 따르는 것이 사업의 기본이라는 생각이 내 머릿속에 뿌리내리고 있었던 모양이다. 실제로 나는 고객에 대한 신뢰를 바탕으로 공격적인 운영을 추진했다. 나는 나 자신뿐만 아니라 회사 직원 모두에게 "안돼요! 글쎄요!"란 말을 금언으로 하도록 했다. 그리고 그 같은 믿음은 곧 행운으로 돌아왔다. 내가 이 세상에 태어나고 이 사업을 시작한 것이 우연이 아니었듯이, 그 행운 또한 우연만은 아니었다.

결국 사람이 나를 살리고, 사람이 나를 부지런하게 만들었다.

어떤 이는 타인이 아닌 자신의 어리석음을 성찰해 성장을 이루기도 한다. 어리석다는 것은 부끄러운 것이지만, 이것까지도 돌이켜볼 수 있는 사람은 늘 새로운 변화가 가능한 사람이다. 인생은 되돌릴 수는 없지만, 수정할 수는 있다.

또 자신에 대한 겸손한 사람은 장래에 크게 성장하게 된다. 왜 실패했는지에 대한 주위의 조언에도 감사히 귀를 기울일 수 있기 때문이다. 물론 비난만 일색이라면 그것은 진정한 조언이 아니다. 반면 애정이 담긴 조언은 상대와 내 마음에 깊이 새겨지게 되고, 자신의 결점까지도 바꾸게 된다.

"불변(不變)이야말로 만변(萬變)에 부응한다."는 말이 있듯, 아무리 세상이 빠르게 변한다고 해도 변치 않는 이념, 변하지 않는 철학만 있으면 만변(萬變)에 대응할 수 있다는 뜻이다. 사람을 믿고 그들을 행복하게 한다는 것 역시 이런 불변의 진리, 특히 사업하는 사람에게는 불변의 진리로 기억함직한 말이다. 그런가 하면 "겨자씨 한 알에도 세상이 있다."라는 말도 있다. 즉 외부에 흔들리지 않는 단단한 내면, 또 그 내면에 대한 믿음을 가지면, 사실 보잘것없는 개인으로서의 인간도 시간과 시대까지도 초월하는 존재가 될 수 있다는 말 아닌가.

사람들은 늘 자기중심적이다. 인간은 타인과 더불어 살지 않으면 아무것도 할 수 없다. 그래서 자기만 생각하는 사람은, 타인을 생각하는 사람에는 이길 수 없다. 마음 속에 가진 기쁨의 무게가 다르기 때문이다.

감사의 마음을 가지려면 무엇보다 자기역량을 강화시키는 일, 즉 실력, 덕망, 인맥을 쌓아야 한다. 그리고 그 길에는 늘 믿음과 신앙이라는 길잡이가 필요하다. 즉 이 같은 즐거운 삶은 그 자체가 성공을 위한 준비다. 인간이란 매일같이 성장하는 존재임을 믿고 하루하루의 노력을 소홀히 하지 않다 보면, 언젠가 행운의 여신이 우리 곁에 다가서게 될 것이다.

당신에게는 스승이 있는가

사실 스승이란 교실에서만 만날 수 있는 게 아니다. 길거리에서도 직장에서도, 심지어는 가정에서도 우리는 늘 스승을 만난다. 심지어 그 스승은 나보다 못난 사람일 수도, 어린 사람일 수도 있다. 하지만 내 성장을 도와준다는 점에서 그들은 스승을 넘어 멘토라고 부를 수 있는 사람들이다.

멘토는 인간이 가질 수 있는 최대의 자산이다. 우리는 초·중·고 시절에는 스승을 자연스럽게 받아들이고 본받는다. 그리고 결혼을 하지 않은 독신 시절까지는 직장에서 사회에서 만난 이들과 깊은 교류를 쌓아간다. 하지만 일단 결혼을 해서 가정을 갖게 되는 순간, 그런 사이클이 공허하게 무너져 외톨이가 된다.

거기에는 몇 가지 이유가 있다. 가령 결혼하는 나이 쯤 되면 업무 면에서도 베테랑이 된다. 더 바빠지기 시작한다는 뜻이다. 긴 통근 시간, 집에서 기다리는 아내와 아이들, 매번 챙겨야 하는 경조사, 경제적 부담 등이 우리를 짓누른다.

그런 상황에서 스승이 되어줄 사람을 만난다는 것?

그야말로 힘들다. 일단 만나도 그 관계를 유지하기는 더더욱 힘들다.

하지만 문제는 주변 상황뿐만이 아니다. 조언자를 만나고 그와 더불어 살아가겠다는 마음 자체를 잃어버리는 게 더 큰 문제다. 이미 수많은 만남과 헤어짐에 단련된 이상, 좋은 조언자를 만나도, '뭐, 어차피 거래처 사람인 걸, 또 언제 보겠어.' 하고 스쳐 지나치고 만다. 내 가족만 잘 살면 되고, 내 일만 잘하면 된다는 이 시대의 폐쇄성이 우리들의 마음속에까지 뿌리를 내린 건 아닐까?

하지만 주위를 둘러보면 조언자를 만날 수 있는 공간과 장이 드물게나마 있다. 이른바 인품, 취미, 가치관이 일치해 마음을 나누게 되는 것이다. 거래처 상사면 어떻고 나보다 나이가 어리면 어떤가?

'자, 이 세상을 쭉쭉 뻗어나가자!' '함께 해보자!' 라는 같은 의욕만 가져도, 또 나보다 나은 점이 단 한 가지만 보여도, 그 사람을 흉허물 없이 '배워야 할 사람'으로 삼아야 한다. 물론 그런 동질감이나 선망이 신뢰로 굳으려면 오랜 시간이 걸린다. 그런 신뢰를 키우는 것은 언제나 사소한 것에도 서로 감사하는 마음이다.

어느 대기업의 T 회장은 이렇게 말했다.

"친구는 처음 만난 장소가 중요하지요. 만난 장소가 그 후 관계의 성격을 결정하는 것 같더군요."

어른들도 때로는 만나서 친구가 된다. 그런데 친구라는 것이 사실은 깊고 얕음이 다르고, 털어놓을 수 있는 고민이 다르다. 술집에서 내용 없이 떠들어대는 자리에서 알게 된 친구는 '놀이 친구'다. 그리고 무언가를 배우다가 알게 된 사이는 '공부 친구'다. 즉 친구 관계에도 성격이 있다는 뜻이다. "끼리끼리 모인다."는 말도 알고 보면 이런 상황을 빗댄 것이다.

즉 좋은 친구를 만나기 위해서는 좋은 자리를 가져야 한다.

언젠가 정신수양을 위해 폭포를 맞으러 간 K회장의 이

야기다. 거길 가보니 우연히도 그보다 먼저 폭포 아래 앉아 있는 사람이 있었다. K회장은 이후 그 사람과 오랜 관계를 유지하며 절친하게 지내고, 서로 인생살이의 지혜를 주고받고 있다.

마음이 서로 통하는, 서로를 이해할 수 있는 친구는 물론 그 수가 적다. 하지만 그들이 나의 평생 동반자가 된다고 생각해 보자. 주고받음이 아까울 것이 없을 것이다.

사업을 하다보면 술자리를 갖게 된다.

술이란 상대에게 나 스스로를 낮추어 단점을 치유할 수 있는 약이 될 수도 있고, 그로인해 상대와 허물없는 친구가 될 수도 있다.

누구든 진실한 대화를 나누다보면 배울 점들이 넘쳐난다.

결코 그 시간이 아깝다 할 수 없을 것이다.

약속 1. 누군가에게 속았을 때 분노에서 벗어나라

사업을 하다 보면 사기를 당하기도 쉽다. 고의적인 사기를 당하지 않더라도 장기어음을 받았다가 부도를 당하기도 한다. 이때 살아나는 길은 오직 한 길뿐이다. 일찍 포기해야 한다. "그 돈이 어떤 돈이네, 월급쟁이 15년 해서 겨우 모은 퇴직금을……" 이라며 돈 떼먹은 사람을 찾아다니다 보면 사업은 저절로 망하고 만다.

그 사람을 원망하며 술집에 처박혀 살거나 인간적인 배신감 속에서 "이제 다시는 인간을 믿지 않을 거야!" 라고 외치는 것도 어리석은 짓이다. 나를 벼랑끝으로 밀어준 사람이 있으면, 나를 수렁에서 끌어올려줄 사람도 생기게 마련이다.

거듭 강조하지만 분노나 증오는 일찌감치 포기하라. 이 시간을 본 사업에 투자하면 살아날 길이 생긴다. 분쟁에 휘말릴 때도 마찬가지다. 소송에 빼앗기는 시간을 기술개발이나 생산적인 부분에 쏟자.

가짜 선의, 진짜 선의

인간관계가 살아가는 데 큰 힘이 된다는 것은 누구나 잘 아는 바다. 하지만
이 관계에도 진짜 관계와 가짜 관계가 있다.

부탁을 하면 "좋아, 알았다." 하고 노트를 꺼내 진지하
게 기록하는 친구가 있다. 상대로서는 메모까지 했으니
곧 대답을 해줄 것이라고 기대한다. 그런데 아무리 기다
려도 연락이 없다면? 상대는 다시 애가 타서 전화를 걸어
어떻게 되었냐고 물어보면 돌아오는 대답은 "깜빡 잊고
있었다."는 태연한 한 마디다.

그러던 어느 날 이 친구가 도리어 나에게 부탁을 해왔
다. 그것도 자신의 일이 아니라 누군가 부탁한 것을 다시

나에게 부탁한 상황이었다. 그 사람은 공부를 하러 학교에 진학을 하고 싶다고 했다. 그러면서 성적증명서까지 맡겨오길래 알 만한 사람을 찾아다니며 줄을 대보았다. 그러나 생각만큼 결과가 좋지 않았다. 다소 무거운 마음으로 전화를 걸어 그 친구에게 그 사실을 알렸더니 그 대답이 가관이었다.

그는 아무 걱정 없는 투로 이렇게 내뱉었다.

"그냥 그 친구한테 나도 뭔가를 했다는 것만 알리면 되지 뭐. 신경 쓰지 마."

하나를 보면 열을 알게 된다. 아마도 그는 모든 부탁을 이런 식으로 처리하고 있었을 것이다.

나는 이러한 일들은 상대에 대한 노력이 아닌 처세라고 생각한다. 그러나 이런 처세술로는 신뢰를 얻을 수 없다. 만약 남의 일을 진짜 도와주려거든, 어떤 결론이 나올 때까지 확실하게 함께 노력해야 한다. 그래야만 비로소 도와주었다고 할 수 있는 것이다. 쉽게 떠맡았다고 상대의 일을 쉽게 생각하는 것은 바람직하지 못한 일이다. 이 어려운 일 하나를 돌봐줌으로써 그것이 10명의 친구를 만들어준다고 생각하고, 내 손 안에 들어온 일은 성실하게 처리해야 한다. 사실 어떤 일, 그것도 남의 일을 해낸다는 것은 결코 쉽지 않다. 하지만 부탁을 받았을 때 자기 이익이 되면 무조건 하고, 그렇지 않으면 또 무조건 냉정하게 거절하는 사람들이 있다.

자기에게 책임이 돌아오지 않거나, 뒤처리를 안 해도 된다거나, 이름을 내밀지 않아도 되면 그야말로 책임 외의 일을 떠맡는다. 하지만 자기에게 조금이라도 위험이 있으면 회피하려 든다. 지극히 소심하고 매정한 사람들이다.

만일 누가 당신에게 부탁이라는 것을 해오면 성의껏 맡아주도록 하라. 얼마나 어려웠으면 꺼내기 힘든 말을 꺼내 부탁이라는 것을 했겠는가. 그리고 적당한 시점에서 중간보고 정도는 해주자. 당신에게는 별로 중요하지 않아도, 그 친구는 부탁을 한 뒤 두 발 뻗고 자지 못했을 것이다. 친구를 위해 최소한의 노력도 하지 않는 사람, 그런 사람은 중요한 친구가 아니다.

자만과 험담

우리는 때로 자신의 모습을 착각한다. 대다수는 자신의 모습을 깎아내리기보다는, 보잘 것이 없는데도 너무 크게 보는 경우가 더 많다. 또 그런 이들을 '왕자병', '공주병' 이라고 놀려대며 부르기도 한다. 하지만 이런 농담을 떠나 자신의 진정한 모습을 알지 못한다는 것은 그 자체로 매우 서글픈 일이다.

인간은 반성을 할 때 남보다 빠르게 성장한다. 일본 마쓰시다 그룹의 마쓰시다 회장은 '감사, 반성, 성장' 이라는 세 가지 사이클을 반복할수록 사람의 힘은 점점 더 커진다고 말한 바 있다.

반성할 수 있는 사람은 늘 마음에 겸허함이 충만할 수밖에 없다. 또 그 겸허함은 더 크게 성장하기 위한 겸손으로부터 나온다. 즉, 크게 된다는 것은 자신의 무지를 안다는 것에서 시작하며, 바로 거기부터 또 다른 극복에 도전해 새 지점을 잡아 출발하는 것을 의미한다.

이런 겸허가 있으면 주변의 관계도 한결 깨끗해진다. 이를테면 우리는 인간관계에서 누군가와 부딪치면 흔히 상대방을 나쁘게 말해 다른 사람들을 내 편으로 끌어들이려고 한다. 하지만 그보다 먼저 해야 할 일은 스스로를 반성하는 것이다. 비록 섭섭하다는 느낌이 들어도 "제가 잘못했습니다."라고 사과할 수 있는 사람은 이른바 '큰 인간'이 될 수 있다고 생각한다.

"덕망 있는 사람은 재능 있는 사람을 사용할 수 있으나, 재능과 지위만으로는 덕망 있는 사람을 사용할 수 없다"는 명언이 있다. 이 말은 많은 성공한 경영자들이 경영철학이나 인생의 좌우명으로 삼고 있는 문구다.

어떤 이들은 어딜 가나 눈치를 보고 자신의 이익을 주는 의견에 합류한다. 심지어는 그것이 험담일지라도.

물론 사람은 본능적으로 남을 비난하고 싶고, 또한 비난하는 것을 듣고 싶어 한다. 하지만 그처럼 여기 돌아보고, 저기 돌아보며, 이익이 된다면 자기 반성은커녕 남을 험담해 자신의 잘못을 가리는 사람은 결코 믿음직스럽지 못하다.

어느 나라에서나 권력의 서막은 비난이나 중상모략에서 이루어진다. 자만과 험담의 결정체가 아닐 수 없다. 심지어는 성인군자들도, 아니 예수 그리스도나 석가, 공자에 이르기까지 흉을 보지 않는 이들이 없었다. 다만 그것을 훌륭하게 해내느냐, 노골적이고 감정적이냐의 차이였다.

물론 비난이나 중상모략을 즐기는 자는 결코 인격자나 철학자, 종교가는 될 수 없다. 다만 생기발랄한 정신과 두뇌가 있다면, 어떤 사람이 흐리멍덩하다거나, 질투를 좋아한다거나, 우월감에 가득 차 있다거나, 인식이 부족하다고 한탄하는 것은 너무나 당연하다. 다시 말해 문제는 어떻게 훌륭하게 흉을 보는가에 달려 있다.

"낮말은 새가 듣고, 밤 말은 쥐가 듣는다." 비즈니스 사회에서는 이 원칙이 더더욱 철저히 지켜진다. 즉 언제 어디서 뱉은 비난이 역으로 자기에게 돌아올지 모른다. 따라서 너무 울분이 터져 욕을 내뱉고 싶을 때 딱 두 가지를 먼저 생각하라.

하나는, 나 스스로는 그 사태에 대해 반성을 해봤는가.

둘째, 이 험담이 험담 받는 자를 치명적으로 공격하는 것은 아닌가.

추상적으로 표현하면, 정이 있는 흉, 소극적인 흉이 필요하다. 70%는 욕을 해도, 그것을 뒤집을 수 있는 30%의 칭찬을 언제나 남겨두는 것이다.

인맥을 황금 맥으로

미국 카네기멜론 대학이 조사를 실시해보니 이런 결과가 나왔다고 한다.
"지적 능력이나 재능이 성공에 미치는 영향은 15%에 불과하며, 인간관계가
85%였다."

내 주변에는 사람이 많다. 길게는 3-40년 친구부터 일을 하다가 만난 사람까지 모두가 나의 든든한 조력자다.

이익을 바라고 만나는 사람, 마음을 나눌 수 있는 사람, 서로를 발전시킬 수 있는 사람, 이 모두가 나의 인맥들이다.

흔히 장사는 인맥이 중요하다. 그만큼 사람 관계가 절실하다는 뜻이다. 어떤 사람은 하루에 몇 장이나 명함을 돌렸고, 거래처를 몇 개 늘렸다고 기뻐한다.

하지만 진정한 황금맥으로 가는 인맥의 본질은 우리 눈에 보이지 않는 곳에 있다. 장사란 본디 이익을 중시하는지라 눈앞의 이익을 공유할 수 있는 인맥을 최고로 치는 경향이 있다. 하지만 사회란 본질적으로 이익만으로 호형호제하게 되는 것이 아니다. 우리는 싫든 좋든 자신을 둘러싼 관계의 울타리에서 최선을 다해야 하며, 설사 그것이 당장의 이익과는 관련이 없어도 그 소중함을 늘 인식해야 한다.

이를테면 가장 가까운 가족부터 어려움에 처한 친구나 친척, 이 모두가 인맥이라는 생각을 가져야 한다. 그처럼 진심으로 사람을 대하는 사람에게는 일종의 인간적 기품이 생겨나게 마련이며, 그런 사람 주위에는 역시 기품 있는 사람들이 모여든다. 그러면서 신뢰 관계는 더욱 단단해진다.

예를 들어 단순히 도움을 받기 위해 사람을 관리하는 사람들이 있다. 그들은 관계라는 것이 주고받음을 의미한다는 사실을 간과한 채 얄팍한 신뢰를 무기처럼 사용한다. 그런 이들은 금방 정체가 탄로 난다. 자신은 하나도 손해 보지 않으려는 모습이 결정적인 순간에 드러나기 때문이다.

장사하는 사람들은 이런 부분을 가장 경계해야 한다. 안 그래도 장사하는 사람이라고 자신을 소개하면, 의심의 눈초리가 날아드는 것이 당연지사다. 거기서 잘못한 행동이나 언사는 눈 덩이처럼 불어 그 자신을 치고 든다.

그런가 하면, 무조건 누구와도 사이좋게 지내는 것을 인맥으로 착각하는 사람이 있다. 그런 사람들이 알아야 할 명언이 있다.

"누구나 좋아할 수 있는 사람은 한편으로는 누구에게나 바보 취급을 받을 수 있다."

인맥의 중심은 '사람과 알고 지내는 것'이 아니라 '어떤 사람과 알고 지내는가'이다. 즉 원활한 인간관계란 '누구누구와 사이가 좋다'거나 '누구누구와 친하다'는 개념이 아니라 서로를 성장시키고 서로의 능력을 발전시킬 수 있는 관계를 의미하는 것이다. 그것은 장사와 인품, 이 모두에게 필요한 것이다.

사회생활을 하다가 받은 명함을 무조건 쌓아두는 사람

이 있다. 그 명함이 아무리 두껍게 쌓인다 해도 그 사람의 인맥이 커졌다는 이야기는 들어본 적이 없다. 지금 당장 명함을 정리해 보자. 아마 그 중의 절반, 또는 3분의 2 이상은 다시 만날지도 모르기 때문이다.

약속 2. 세상을 향한 긍정과 신뢰를 쌓기 위한
8가지 조언

① 인간은 태어나면서부터 인덕(人德)을 안고 태어난다. 이 인덕은 생애를 통해 얼마만큼 쌓아갈 수 있느냐가 인생의 과제가 된다. 젊은 시절에는 자신의 능력을 높이는 데만 주력하므로 덕망을 쌓을 여유도 없다. 하지만 살아가며 세상을 위해, 타인을 위해 일을 하게 되면서 점차 덕망도 인격도 높아진다. 덕망이란 생애를 통해 쌓아가는 것이며 타인에게 미치는 영향력이다. 그리고 이것은 다음세대에게 물려줄 수 있는 가치 있는 최대의 자산이다.

② 인생이라는 것은 "베풀고 내놓은 것밖에 들어오지 않는다." 그럼 무엇을 내놓을 것인가? 그것은 상품일 경우도 있고, 돈일 수도 있다. 또는 지혜나, 노력한 땀방울일 수도 있다. 그러나 무엇이든 좋다. 타인에게 유용하고 필요한 사람이 되기 위해 열심히 베푼다면 그 베푼만큼의 은혜는 반드시 되돌려 받는다.

③ 사람은 어떤 사람과 만났는가에 따라 인생이 결정된다. 따라서 우리는 만남에 의해서 사람들은 우리 삶은 보다 행복하게 만들 수도 있

고 불행하게 만들 수도 있다. 관계는 최고의 미덕인 동시에, 최고로 위험한 독이다. 사람을 만날 때는 무엇보다 자신의 경륜에서 나오는 직감의 힘을 믿어야 한다. 실제로 왠지 호감이 가지 않는 사람들 뒤에는 무언가 꿍꿍이가 도사려 있기도 하다. 또 아무 말 없이도 호감 가는 사람들을 보면, 그 안에 나와 잘 맞는 생각이 숨어 있기도 하다.

④ 최근 상속세나 증여세 때문에 세상이 들썩거린다. 이처럼 귀찮은 일을 깔끔하게 마무리 하는 방법이 있다. 그것은 다름 아닌 살아 있는 동안, 그 재산을 좋은 일에 써 버리는 것이다. 많은 유명 인사들이 자신의 재산을 기부하고 선행을 베푼다. 돈 많은 자들뿐인가. 심지어 달동네 단칸방에 사는 폐지 줍는 할머니가 평생 모은 재산을 내놓아 세상을 들썩이게 한 적도 많았다. 돈은 잘만 쓰면 하나의 덕이 된다. 재산의 크기를 떠나 자신이 가진 것을 나누는 방법을 배워라.

⑤ 인생에는 흔히 기브 앤 테이크(Give and Take)원칙이 적용된다. 이는 주고받음을 의미한다. 그러나 어떤 이들은 받기만 하는 인생을 살고, 또 어떤 이들은 주기만 하는 인생을 산다. 받기만 하는 인생은 처음에는 배부를지 몰라도 언젠가는 그로 인해 오히려 몰락하게 된다. 버릇없이 키운 자식이 집안을 망치는 것처럼… 또 비록 받은 것은 없으나 주기를 즐기는 사람은 언제나 자신감이 넘친다. 그들이 되돌려 받은 것은 물질 아닌 신뢰와 사랑이기 때문이다. 당신은 받는 인

생인가? 아니면 주는 인생인가? 한번쯤 되새겨 보라.

⑥ 세상살이가 힘들거나 너무 큰 고민에 부딪쳤을 때, 그래서 혹시나 누군가에게 상처를 주거나 불신을 주게 될 지경에 놓였을 때 이렇게 생각해보자. '우리는 신으로부터 육체와 일정한 복(福)을 빌려 이 세상에 태어났다. 그리고 이 한 삶을 마감할 때 우리는 또다시 그 빌린 육체와 복을 반납하고 죽는 것이다'.

⑦ 외국에서는 전 재산을 자녀에게 상속하는 대신 사회에 기부하는 문화가 자연스럽게 자리 잡았다. 자식에게는 돈과 지위를 남기지 말라. 그것을 받는 자녀들에게 덕이 없다면, 오히려 비극만 초래한다.

제 2 장

남들이 하지 않은 것을 찾아서

문제는 목적지에 얼마나 빨리 가느냐가 아니라,

그 목적지가 어디냐는 것이다.

-메이벨 뉴컴버(Mabel Newcomber)

확고한 목표 의식을 가져라

달콤한 이야기들에는 늘 몇 가지 함정이 있다. 가령 누가 우연한 기회로 정말 큰돈을 벌었다고 치자. 그렇다고 내게도 그런 우연한 기회가 오리라는 보장은 없다. 즉 노력하지 않고 돈을 벌겠다는 생각을 버려야 하는 것이다. 그런 식의 꿈은 한순간이다.

경영자가 달콤한 이야기를 기대하고 그 꿈을 좇게 되면 그 회사는 망하게 된다. 왜냐하면 노력해서 얻은 대가만이 정당하다는 사실을 잊게 되기 때문이다. 또 쉽게 고생 없이 벌어들인 돈은 반드시 불필요한 곳에 써버리거나, 결과적으로 그 자신과 회사까지도 망친다.

이를테면 고객에게 속임수를 써서 벌었다고 치자. 이제 고객들은 자신들이 그 제품을 비싸게 샀다는 것을 깨닫고, 그 후 두 번 다시 속지 않을 것이다. 이렇게 되면 회사도 삐걱거리게 된다. 고생 없이 벌어들이니 생산이나 판매에 대한 사원들의 의욕이 급격히 떨어지고, 생산이나 판매에 대한 노하우도 축적되지 않고, 결국에는 이러저러한 이유로 몰락하게 된다.

흔히 사업가는 예술가에 비견된다. 그것도 그냥 예술이 아니라 '풍요로운 예술' 을 창조하는 사람이라고 칭해진다. 여기에서 '풍요로운 예술가' 란 의미는 로맨티스트를 의미한다. 즉, 자신과 타인을 경제적으로나 정신적으로 풍족하게 만들어주는 존재, 비단 남녀 간의 사랑은 아니라도 어떤 에너지를 발산하는 존재, 그야말로 이 시대의 풍요로운 예술가가 아니겠는가.

인류 최대의 목적은 사회의 발전, 즉 풍요의 실천에 있다. 풍요란 경제적인 풍요, 정신적인 풍요, 그리고 건강의 풍요를 의미하며, 인간은 누구나 본능적으로 그런 풍요를 추구한다. 그리고 이는 '사업을 통하여 사회발전에 공헌하는' 기업의 목적과도 맞아떨어진다.

기업이 양질의 제품과 빈틈없는 서비스를 제공하면, 소비자의 물질적 · 정신적 또는 건강에도 풍요가 향상된다. 즉 기업은 이윤추구를 넘어 보다 좋은 제품과 서비스를 제공한다는 목표를 달성하지 않는 한, '사회의 발전에 공헌한다'는 목적에 도달할 수 없다.

바꿔 말하면, 먼저 자신이 물심양면으로 부유하게 되기 위해서 사회의 필요에 부응하는 경영을 해야 할 뿐 아니라, 그로써 타인과 더 나아가 다른 회사들에게도 영향을 주어 최종적으로는 널리 사회에 이바지하게 되는 것이다. 즉, 그것이 바로 사업가들이 할 수 있는 사회 공헌이라고 할 수 있다.

목표가 불분명하면 표류할 수밖에 없다. 그래서 우리는 늘 어떤 형태든 목표를 만들어낸다. 냉장고를 바꾼다든지 돈을 모은다든지 등 종류도 다양하다. 목표의 장점은 인내심을 키울 수 있고, 그로 인해 장애를 뚫고 나갈 수 있는 힘이 생기고, 또다시 여기서 자신감을 키울 수 있다는 점이다.

맥없이 사는 사람들을 보면, 대다수 이 목표 의식을 망각하고 살아가고 있다. 도전할 무언가가 없으니 장애물을 만나면 쓰러지고, 상처입고 쓰러지는 것이다.

물론 이 목표 의식은 클수록 좋지만, 그렇다고 무조건 거창할 필요는 없다. 꽃들의 키와 꽃 모양이 다 다르듯이 개인의 성향과 차별에 맞게 계획을 세워 한 단계씩 전진해 나가면 된다. 그러다 보면 처음에는 작은 목표가 조금 더 큰 목표로 나아가게 되고, 또다시 그 목표가 인생의 큰 목표로 향하게 된다.

중요한 것은 그 작은 목표들에서 자신감을 얻는 것이다.

자, 목표를 세웠다면 그 다음 해야 할 일은 실천이다.

카네기는 "소망은 선명하게 세워야 한다"고 말했다. 즉 계획은 정확하고 구체적으로 세워야 한다는 뜻이다. 마라토너를 예로 들어보자. 그들의 목표는 여러 가지가 아니다. 단지 경기에 나가 1등이 되어 금메달을 따는 것이다. 그들은 그 목표를 이루기 위해서 많은 계획을 세우지 않는다.

그들은 그저 아침에 10㎞를 달리고, 저녁에는 20㎞를 달린다. 그들이 땀을 흘리는 것은 그 계획을 지키기 위한 인내를 발휘하기 위해서일 뿐, 결코 그 계획을 변경하거나 수정하는 식으로 타협하지 않는다.

즉, 숙고해서 목표를 세웠다면 계획과 그 이행 과정에서는 좀 더 단순할 필요가 있다는 뜻이다.

순발력을 가져라

우리의 일상은 때때로 초라하다. 모든 것이 똑같이 반복되는 것처럼 보인다. 하지만 어제의 내가 오늘의 내가 아니듯이, 우리의 시간 속에는 수많은 변화들과 가능성들이 존재한다. 중요한 것은 그것을 바라보는 시각과 순발력이다.

천재가 하는 일에는 보통 사람들이 이해하기 어려운 점들이 있다. 그중의 하나가 '생각나면 즉시 실행한다.'는 점이다. 그러나 비즈니스 사회에서 이러한 스타일은 좀처럼 인정받지 못한다. 순간적 착상보다는 데이터의 수집이 더 크게 요구되기 때문이다.

물론 순발력이란 게 무조건 떠오르는 반짝 아이디어를 의미하는 건 아니다. 그것은 많은 자료가 모이고 심오한 연구가 축적된 결과로서, 자기도 모르게 즉석에서 떠오르는 발상을 말한다. 그리고 이 순발력이야말로 발전의 원동력이다. 문제는 그 발상을 어떻게 실행에 옮기느냐.

일이나 생활뿐만 아니라, 친구와의 관계, 일 등에서 순간적인 반응을 보이지 않는 사람은 눈앞에 주어진 관계나 업무에 정성을 기울이지 않는 사람이다. 단순히 시간 죽이기와 노는 것 이상에 별다른 기대가 없는 이들의 두뇌 회전은 느리고 느릴 수밖에 없다.

반면 무언가에 곧바로 반응하고 그것을 행동에 옮기는 사람들은 자신의 생활뿐만 아니라 무언가를 창조할 때도 숙련된 실력을 발휘할 수 있다. 어차피 우리가 인생에서 벌이는 모든 일들은 습관과 반복적 노력을 통해 이루어지지 않던가?

흔히 틈새 사업은 아이디어와 순발력 사업이라고 말한다. 어떤 문제에도 열심히 귀를 기울이고, 신중하게 생각하며, 번뜩이는 아이디어를 즉시 실행에 옮기는 행동력이 합쳐질 때, 그것이 바로 틈새사업을 찾는 무기가 된다. 이러쿵저러쿵 말만 많고 무엇 하나 행동으로 옮기지 못하는 사람들은 반드시 도태된다. 아무리 보잘 것 없는 일이라도 그것에 몸과 마음을 아끼지 않고, 두뇌와 신체를 사용하지 않는다면 프로 비즈니스맨이 될 수 없는 것이다.

"하나를 들으면 열을 안다."는 말을 떠올려 보자. 이는 바로 빠른 발상력과 두뇌회전을 가리킨다. 순발력은 직감이 아니라 빠른 두뇌회전으로 핵심을 잡아채는 것이다. 많은 이들이 순발력을 단순한 센스라고 생각하는데 꼭 그렇지만은 않다.

힌트와 순발력을 동의어라고 생각하면, 이 모든 게 동물적인 반사 신경의 산물이 되어버리지 않는가. 어떤 이들은 에디슨이 발견한 텅스텐과 미독 치료제 살바르산의 발견을 우연이라고 생각한다. 그저 동물적인 반사와 행운으로 얻은 산물이라는 것이다. 모르긴 몰라도 그 사람은 분명 우둔한 사람일 것이다.

걷지 말고 뛰어라

우리의 삶은 우리가 행동하고 조정하는 대로 흘러간다. 당사자의 마음가짐에 따라 우리는 걷는 듯 한 세상을 살다 갈 수도 있고, 춤추듯 즐겁게 살 수도 있다.

한편 장사를 하는 사람에게는 '걷듯이 사는 삶' 은 애초부터 존재할 수 없다. 장사란 순간순간 닥쳐오는 장애물을 넘어서는 과정의 연속이다. 만일 당신이 허들 경기에 참가했다고 치자. 허들은 기본적으로 힘껏 뛰어야만 넘을 수 있는 장애물이다. 이때 걷듯이 허들을 넘는다면 어떻게 될까?

분명 당신은 허들 몇 개를 채 넘지 못하고 넘어지고 말 것이다. 즉 눈앞의 장애물을 분명히 인식하고 그것을 넘기 위해 숨이 찰 때까지 뛰는 자만이 성공을 거머쥘 수 있다는 뜻이다. 그런 의미에서 뛰듯이 산다는 것은 장애물조차 사랑하고 받아들이는 자세를 의미한다.

사실 극한의 고통을 경험하지 못한 사람은 진정한 기쁨 역시 알지 못한다. 많은 시인들이 지옥을 알지 못하는 사람은 극락세계의 천당을 알지 못한다고 썼다. 그런 의미에서 우리의 경험은 우리 삶에서 무엇보다 중요한 것이다. 그 경험은 하나의 정신력으로 상승해 우리로 하여금 위기상황에 놓였을 때 어떤 태도를 취하는가를 결정하게 만든다.

나는 회사에서 직원들에게 "일하는 고생만큼 멋진 고생도 없다."고 말한다. 만일 그 일이 성장하기 위한 일이라면 오히려 고생을 즐거워해야 하는 것이 아닌가.

인생에는 여러 고비가 있다. 그리고 그 고비를 극복하면 자신감도 한층 커진다. 인생의 묘미는 바로 거기에 있는 것이다. 자신의 부족한 면을 실패 속에서 깨닫고 바로 그 고비의 언덕 위에서 새로운 태양도 떠오른다. 게다가 그렇게 한 번 문제를 겪고 나면 고통의 극한치도 커져, 웬만하면 다시 넘어지지 않는다.

하지만 고생도 온몸에 와 닿는 고생과 그렇지 않은 고생이 있다. 내가 고통을 예찬하는 것은 엄살을 부리라는 의미가 아니다. 살갗이 찢어질 듯한 고통이 아니라면 진정한 의미의 고생이 아니다. 단거리 달리기 선수들은 마지막 극한 지점을 넘기 위해 심장이 터질 때까지 달린다. 그렇게 한계 지점을 넘으면 그것이 그 사람의 기록이 된다.

누구를 막론하고 자신이 가장 어려운 환경에 놓여있을 때가 절호의 찬스다. 나 역시 한때 자금 압박으로 모든 것을 포기하려 했던 적이 있었다. 하지만 장기간 사업을 해오면서 생각해낸 결론은 "여하튼 열심히 재미있게 일을 하다 보면, 반드시 재미있게 된다."고 하는 것이다. 열심히 달린다는 것은 늘 재미있는 일이다. 그리고 그때야말로 그 사람은, 그 사람만의 새로운 기록을 쓸 수 있다.

어느 유명한 컨설턴트는 "도전하는 것은 즐겁다"는 캐치프레이즈를 만들어 기업진단에 강조했다. 그야말로 멋진 메시지가 아닌가. 도전이라는 게 어렵고 딱딱한 것이 아니라, 활력 있고 재미있는 것이라니!

당신은 혹시 지금 '즐거운 도전' 을 하고 있는가, 한번쯤 생각해 보자.

큰 포부를 가져라

우리의 기업 환경은 나날이 빠르게 변화하고 있다. 이제까지는 이익과 매출을 올리는 것이 기업의 목적이었다. 하지만 이제는 인생 대부분을 일하며 보내는 직장인들이 어떻게 '의욕적으로', 그리고 '보람 있게' 그 일을 하느냐가 중요해졌다.

삶의 질이 높아지고 풍요로워지면서 개인의 삶의 가치를 고민하는 직장인들이 늘었다.

이것은 일정 부분 기업에서 도와줄 수 있다. 실제로 최근에 많은 기업들이 직원들의 사기를 올려주기 위해 많은 사내 서비스와 문화 시설을 구축하고 있다. 하지만 일을 삶의 기쁨으로 연결하기 위해서 가장 중요한 것은 일하는 사람 그 자신이다. 즉 일하는 사람 개개가 그 내부에 올바른 이념과 발상, 그리고 직업의식을 가져야 한다.

끊임없이 배우고 공부하고 포부를 키우는 자는 최소 인생의 풍랑을 만났을 때 그 속에서 살아남는 법을 알 수 있다. 어떤 단단한 중심이 그 자신을 붙들어주기 때문이다. 일생을 통틀어 그 사람이 성공했는가, 그렇지 못했는가를 말해주는 것은 위기의 순간이다. 그리고 인생철학을 제대로 구축한 사람은 바로 그 위기의 순간 스스로 대처한다.

최근 새삼스럽게, 이 세상에는 성공한 사람이 있는가 하면 그렇지 못한 사람도 있다는 것을 다시 한 번 깨닫는다. 물론 여기에서 후자의 수가 많은 것은 두말할 나위가 없다. 그렇다면 성공한 자와 그렇지 못한 사람과의 가장 큰 차이는 무엇일까?

바로 인생철학으로서 큰 포부를 제대로 가졌는가, 그렇지 못했는가의 차이일 것이다.

아주 작은 바늘을 만드는 장인에게도 포부는 있다. 그는 물에 잘 뜨고 절대 부러지지 않는 바늘을 만들고 싶어 한다. 그리고 그런 사람의 바늘은 다른 바늘보다 비싼 값에 더 잘 팔린다.

우리는 지금 시대와 사회, 습관이 하룻밤 자고 나면 변해 있는 속도의 시대에 살고 있다. 이처럼 빠른 속도에 휩쓸리지 않으려면 변하지 않는 무언가를 가슴에 품어야 한다. 그리고 모두가 자신에게 변하지 않는 신념, 변하지 않는 믿음이란 무엇인가를 확실하게 발견하고 끈기 있게 다져 가야 한다.

월급쟁이를 포기하고 사표를 낼 때는 보다 나은 일을 찾기 위해서다. 따라서 호구지책이나 자신의 공부를 위해 사업을 시작하지 않는 것이 바람직하다. 더구나 편법적인 방법이나 속임수를 쓰면 사업이 잘 되지 않을 때 견뎌내기 힘들다. 의롭게 시작하면 의연히 대처해 나갈 수 있어 결국엔 성공으로 향한다.

늘 질문하고 공략하라

해외시장에는 잘 팔리는 상품, 즉 새로운 아이디어는 무궁무진하다. 세계 각국에는 돈벌이가 될 수 있는 사업 아이템들이 넘쳐나고 있다. 따라서 세계적으로 히트한 상품을 빨리 수입하면 막대한 이익을 올릴 수 있다.

사업을 한국인의 취향에 맞게 개선하면 성공할 수 있는 기회는 얼마든지 있다. 많은 이들이 외국 유명 브랜드 상품을 현재 지니고 있는 자사의 상품 특성과 조화시키는 것도 고객을 끌어들이기 위해서다. 또 외국에서는 그다지 불필요한 상품인데, 우리나라에 수입해서 파면 고급품, 진품이 되는 물건들도 많다. 그밖에도 깜짝 놀랄 만한 뉴 비즈니스(New Business)는 얼마든지 있다.

그렇다면 어떻게 그런 돈벌이를 발견해서 비즈니스와

연결시킬 것인가?

바로 이것이 많은 이들이 가진 고민일 것이다.

공부 잘하는 사람과 공부 못하는 사람이 있듯이, 이 세상에는 사업에 능숙한 사람과 그에 서툰 사람이 있다. 사업에 능숙한 사람은 무엇을 하든 성공을 거두고, 사업에 서툰 사람은 무엇을 하든지 실패를 거듭하게 된다.

그렇다면 왜 이런 차이가 발생하는 것일까.

한마디로 요약하면, 사업에 대한 집념과 감각의 차이다. 누구를 막론하고 기회는 동일하게 주어지지만, 이를 어떻게 연결시키고 활용하느냐가 가장 중요한 문제인 것이다. 또 그것을 이익으로 연결시킬 수 있도록 어떤 기획력과 실행력을 만들어내는가도 사업의 관건이다.

간혹 '나는 다른 사람들보다 두 배나 열심히 노력하는데 왠지 돈벌이와는 전연 인연이 없는 것 같다.' 라고 하소연 하는 사람이 있다. 그런 경우는, 신념을 갖고 추진은 하지만 그 추진력과 경영의 질에 문제가 있는 것이다.

모두들 사업에는 운이 뒤따라야 한다고 말한다. 하지만 내 생각은 다르다. 물론 운이 좋아 성공한 사업들도 있겠지만, 가장 중요한 것은 문자 그대로 집념과 감각이다.

하지만 이 집념과 감각 이상으로 사업에 꼭 필요한 게 또 있다. 바로 왕성한 호기심이다. 프랑스의 사형폐지논란, 프랑스의 이탈리아의 와인전쟁에 관련된 신문기사가 있다고 치자. 이 같은 중요 기사들을 그냥 흘려버려서는 곤란하다. 이런 것이야말로 돈벌이가 되기 때문이다. 즉 '왜 그럴까?', '어째서일까?', '그렇다면 어떻게 될까?' 같은 식으로 그 사건의 문제의식을 집요하게 추적하는 가운데 의외의 아이디어를 창조할 수 있게 된다.

따라서 TV를 시청할 경우에도 막연하게 줄거리만 봐서는 사업의 힌트를 얻을 수 없다. 화면에 비친 거리 풍경, 점포의 실내장식, 등장인물이 입고 있는 양복, 가정용품 등 그 어떤 것이라도 힌트가 될 여지가 충분하다.

때문에 사업에 대한 착안을 하기 위해서는 무엇보다 '저 상품을 우리나라로 수입한다면 히트하지 않을까.' '지금 하고 있는 비즈니스에 도움이 되지 않을까.' '새로운 사업에 이용할 수 있지 않을까.' 하는 문제의식과 질문이 중요하다.

이것은 신문을 읽을 때도 마찬가지다. 백화점에 쇼핑하러 갔는데 수입품이 진열되어 있다면, 한국에서도 팔릴 것이라는 예상에 백화점 측이 이를 구입, 진열했을 것이다. 그렇다면 과연 이것이 외국에서도 잘 팔리는 상품일까 생각해 볼 필요가 있다.

이렇게 작은 아이디어와 계획이 설정되어 큰 성공으로 이어진다. 물론 힌트를 얻어 그것을 어떻게 이익과 연결시키느냐도 중요하지만, 사실 성공에는 어떤 특별공식이 없다. 다만 지름길이 있다면, 다른 이들의 성공담을 귀담아 듣고 그 속에서 핵심을 찾아 분석하는 일이다. 또 수긍과 납득이 가는 아이디어가 있다면, 바로 자기 것으로 상품화하도록 하자. 다른 아이디어를 모방하는 것도 무방하다. 보다 핵심적인 요소는 돈을 버는 것에 있기 때문이다.

잘되는 장사는 노하우가 따로 있다

상품만이 아니라 판매 시스템도 생각해 보자. 외국 기업들의 판매방식에서 가장 배울 만한 점이 있다면, 바로 유동적인 정책이다.

우리나라의 경우는 일반적으로는 도매상, 소매점이지만 사실적으로 판매회사, 대형 도매상 등 실로 복잡한 유통경로로 연결되어 있다. 그야말로 거치는 게 한두 곳이 아니다. 반면 외부사람들이 보기에는 너무 복잡하지만, 사실 이것은 나름대로 한국의 토양에 맞게 훌륭하게 작용하고 있으므로 하루아침에 이 시스템을 무너뜨릴 수는 없다. 즉 뭔가 상품을 시장에 내고 싶다면, 바로 이 유통시스템을 고려해야 한다. 그러지 않으면 어떤 좋은 상품들도 히트할 수 없다.

하지만 일본에 상륙해 성공한 외국 기업들은 대부분 일본의 전통적인 유통경로를 무시하고 독자적인 판매망을 구축해 판매 전략을 전개했다. 그 대표적인 예가 바로 세일즈맨에 의한 직접 판매다. 일본에서는 화장품과 서적의 경우, 가게에서 파는 것이 일반적이다. 하지만 많은 외국 기업들은 그 상식을 무시한다.

또한 이 독자적 판매 시스템 중에서 특별할 점은, 먼저 세일즈맨의 모집이 이루어진다는 점이다. 표현이 이상할지도 모르지만 기존의 유통경로에 맞추려면 “이러이러한 상품을 팔아주지 않겠습니까?”라는 어프로치가 요구된다. 하지만 프랜차이즈(franchise)나 방문판매방식은 “자신에게 그 상품을 팔게 해주십시오.”라고 하는 사람을 먼저 모집하는 것이다. 즉 업자는 “팔 수 있게 해드리겠습니다.”라고 허락하는 위치에 놓여 있다.

일단 그렇게 대리점권리를 매매하면, 판매방법과 테크닉을 먼저 팔고 그리고 상품을 판다. 이를테면 ‘보이지 않는 상품’ 과 ‘보이는 상품’ 양쪽 모두를 파는 것이다. 외국 기업은 프랜차이즈 때문에 성공했다고 간단하게 생각하는 사람도 있겠지만, 사실 그것은 보이지 않는 노하우를 판매하는 방식에서 성공한 것이다. 즉 노하우를 상품화한 이들만의 노하우가 빛을 발한 셈이다.

개성상인들은 고려조와 조선조 시대에서 뛰어난 상술을 가졌던 무리를 일컫는 말이다. 이들은 기회 포착에 대단히 치밀하고 신용을 중요시하여 신용거래를 발달시켰으며, 화폐인식에 철두철미하였고 대단히 근면하고 검약했다. 그들은 상인으로서 소질이 뛰어나 상업에 관한 천재적인 소질을 가지고 있었다. 개성 출신 기업인들이 이 나라 경제의 근간을 이루는 몇 가지 사례가 있다. 얼추 예를 들면 동양화학그룹, 태평양그룹, 한국화장품, 신도리코, 한국빠이롯드 등 아직도 유효하게 활발한 기업활동을 벌이고 있다. 이들 개성 출신 기업인들에게는 이런 공통적인 특징이 있다.

① 투기적인 사업이나 타산에 맞지 않는 사업에는 아예 손을 대지 않는다.

투자가치가 있는 곳에 미리 투자를 했다가 오랜 뒤에 이익을 챙기는 것이다. 즉 위험성이 있다는 것을 인정하고 그것에 의한 손실을 제어할 수 있는 이윤을 올릴 수 있다고 판단할 때 가능하다. 아무도 염두에 두지 않는, 그러나 꼭 필요한 사업 분야를 찾아 사명감과 높은 위험부담을 감내하는 반대급부로 독점을 취하는 사업방식이다.

② 뒷글을 가지고 말글을 써먹는 재주가 비상하다.

개성상인들은 이론적 사고력이 분명했다. 즉 이론을 현실에 대응시켜 문제해결을 추진하는 데 탁월했다. 개별적이고 구체적인 사상(事象) 속에서 하나의 이론적인 결론을 추출하고 그것을 실제 시험하고 관찰한다는 자세라고나 할까. 원칙을 믿고 그 원칙에 따라 활동을 행하는 반면, 이 원칙을 터다짐으로 한 참신한 아이디어와 창조성의 개발에도 적극적이다. 이는 선입관이 강하여 해보기도 전에 결론을 내리거나, 사실을 따지기 전에 그대로 믿고 마는 것과는 다르다.

③ 업무를 표준으로 만드는 능력이 뛰어나다.

정교하게 제작된 회계장부인 사개치부책(四介置簿柵)의 바탕에는 '기업실천의 집적''이 있다. 이것을 활용하는 사람들의 업무 시스템은 원칙에 따른 책임 권한이 명확하다는 것과 일맥상통하며, 이는 '구체에서 추상으로'라는 논리적 사고의 과정에서 생기는 것이다. 즉 추상화 능력의 발현 형태라고 볼 수 있다.

④ 속셈이 빠른 장사에 뛰어나다.

이것은 신속한 의사결정이 가능하다는 말과 같다. 규모의 대소를 떠나서 거래의 제일선에 있는 판매나 구매의 담당자가 권한과 책임을 동시에 갖고 있으며 자기의 판단으로 상당히 큰 일을 진행시킬 수 있는 시스템이다.

⑤ 시장 기회의 발굴에 탐욕적이다.

땅이 녹아야 들에 냉이가 싹트고, 이웃집 술이 익어야 찌꺼기라도 얻어먹을 수 있다. 그러나 얻어야 할 이익을 잃는 것에 대한 책임은 무겁다. 책임과 권한이 명확하다는 말과 관련되어 있다. 자신의 비즈니스에 관한 상당히 넓은 지식을 가지고 미리 연구하고 있으며 장사의 구체적인 내용에 관해서도 상당한 정보를 정리해 놓고 있다. 즉 이들은 상기를 놓치지 않고 전략을 짤 수 있었다.

⑥ 철저한 손익계산에 의해 전략을 세운다.

이론적 사고력과 밀접한 관련을 갖고 있는데 숫자에 의한 면밀한 분석을 우선 행하고 그것이 가지는 의미를 명확하게 포착한다. 예를 들면 새로운 상로를 트기 위해 일정 기간 정보를 수집하고 면밀한 계산을 한다.

그 결과에 따라 당초에 예정하고 있었던 계획을 근본부터 바꾸거나, 진출 자체를 포기할 수도 있다. 상세한 수치에 입각해서 앞으로 계획과 관리를 추진함으로써 상단의 물주로서는 현지 정보교환과 송방 차인의 능력 평가의 기회를 얻는 셈이다. 또한 장기적인 판단, 단기적인 상거래 등은 정서적인 분석에 의한 것이 아니라 말 그대로 이성적인 분석을 바탕으로 추진된다.

⑦ 상대에 손해를 끼치지 않는 장사를 한다.

장사란 서로 상통(相通)하는 것이다. 대개 서로 이익이라고 하면 곧 서로 양보해서 중간쯤에서 타결을 보는 것으로 생각하기 쉽다. 그러나 이들의 경우는 이 추구하는 자세가 다르다. 서로 자기가 요구하고 있는 사항이 합리적인 옳은가를 끝까지 주장한다. 그런 다음에 서로간의 손익계산이 분명해질 때 구체적인 거래를 성립시킨다. 그렇기 때문에 개성상인과의 거래는 단순 명쾌한 구석이 있다.

출처 - 김송본 〈한국인의 부자학〉

제 3 장

빗자루 하나로 시장을 점령하다

평온한 바다는 결코 유능한 뱃사람을 만들 수 없다.

-영국 속담

눈물로 지급한 비싼 수업료

나는 설령 실패해도 그 결과 때문에 고민하지는 않았다. 대신 실패를 메울 수 있는 방법을 찾는 데 온 힘을 쏟는 편이다. 진정한 능력은 바로 이러한 사후 처리에서 드러난다는 것을 깨달았기 때문이다.

칼라일은 "경험은 가장 훌륭한 스승이다. 다만 학비가 비쌀 따름이다."라고 말했으며, 더불어 "아무도 해보기 전에는 자기가 무엇을 할 수 있는지 모른다"고 말한 바 있다. 그런가 하면 나폴레옹 힐 또한 "자신의 모든 실패의 원인을 찾기 위해 내면 관찰을 시작하기 전에는 누구도 영원한 성공을 만끽할 수 있는 기회를 얻을 수 없다."고 강조했다.

이처럼 모든 실패는 경험 없이는 배울 수 없는 중요한

교훈을 남긴다는 점에서, 마치 가면 속에 감추어진 축복과 같다. 소위 실패라고 불리는 상황은 대부분 일시적인 패배에 지나지 않는다.

나는 2005년 9월 청소용품나라를 창립한 이래, 그야말로 수많은 역경과 위기를 경험했다. 그리고 위기 때마다 항상 "높은 이상을 가지고 기본에 충실하라. 그리고 그 힘찬 노력으로 자기 분야의 최고가 되라. 나보다 우리라는 생각으로 항상 겸손하라."는 사업의 기본, 인생의 기본을 지키기 위해 노력했다.

그렇다면 여러분은 어떤 일에 실패했을 때, 그 원인에 대해 고민해 본 적이 있는가?

보통 실패했을 때는 무엇보다 반성이 필요하다. 실패한 원인을 신중하게 되새겨 보면서 어떻게 똑같은 실패를 경험하지 않을 수 있을까를 고민해야 한다.

하지만 과거의 실패에 집착해 고민만 하는 것 역시 아무 도움이 되지 않는다. 지금 자신이 하고 있는 일을 하루빨리 성공시키고 싶다면, 또 그 일에서 자신만의 리더십을 발휘하고 싶다면 가능한 한 빨리 발상의 전환을 시도

해야 한다. 실패는 실패로 인정하고 신속하게 그 실패를 만회하기 위한 방법을 찾아, 지금껏 입은 손실을 앞서는 이익을 만들어내기만 하면 되는 셈이다.

예를 들어 마이너스 50%만큼 실패했다면 다음에는 플러스 70%의 성과를 올릴 수 있도록 최선을 다하는 것이다. 그것이 바로 진정 프로다운 모습이다.

실제로 사업을 원활히 수행하려면, 실패는 빨리 잊고 심기일전해서 새로운 마음가짐으로 재출발하는 일이 무엇보다도 중요하다. 그래야만 몸과 마음도 안전하기 때문이다.

자신이 하는 일에 자긍심을 가지는 사람은 항상 빛난다. 그런 긍정적인 발상을 가지고 업무에 임하는 사람에게는 확고부동한 카리스마가 잠재되어 있기 때문이다. 하지만 때로는 탁월한 사업 능력과 기술을 겸비하고도 그 능력의 가치를 제대로 알지 못하는 사람들이 있다. 더욱이 그럴 경우 그들은 그 능력과 기술을 제대로 발휘하지 못한다. 이는 전문 분야에 훌륭한 능력을 가지고 있는 사람들에게 더욱 자주 나타나는 현상이다. 가치를 잘 알지

못하는 사람에게 최고급의 품질을 제공해도 정작 고객들
은 그것에 별다른 의미를 두지 않는다고 생각하기 때문이
다.

　　나는 청소용품 하나로 시장을 진입하기 위래 값비싼
수업료를 지불했다. 무엇보다 인생과 사업에서 보람 있는
일을 찾아 미래도 대비하고 사회적으로도 도움을 주고 싶
었기 때문이다.

　　그 동안 가장 힘들었던 건, 흔히 청소용품이라고 하면
3D업종으로 인식하는 사람들이 많았다는 점이다. 하지만
나는 그때마다 긍정성이야말로 최상의 무기라는 점을 생
각했다. 나는 이 사업이 일종의 환경 사업이라고 굳게 믿
었고, 그 동안 내내 마음에 담아두었던 사회적인 관심을
어떻게 표현할 수 있을까 고민하다가 사회복지사 자격증
까지도 따게 되었다. 즉 청소용품 일을 하면서 오히려 이
사회와 나 자신에 대해 더 많이 돌아보게 된 셈이다.

듣기 좋은 이야기는 다소 방심한 사이에 들어온다. 포장된 이야기를 꺼내오는 것은 대부분 사기꾼이므로 화술이 좋고, 자칫 '꿈' 을 꾸게 만든다. 그러나 사기꾼의 이야기에는 1시간 내에 논리적인 모순을 최소 3가지 정도 발견할 수 있다. 주의 깊게 귀기울여보면 결코 속을 염려는 없다.

한국에는 한국에 맞는 장사 법칙이 있다

어떤 사업이든 비즈니스 전략을 세울 때 뺄 수 없는 중요한 요소가 있다. 요즘은 무엇이 유행하고 있는지를 파악하고 그 유행을 만들어내는 대중의 소비 심리를 철저히 분석하는 일이다.

사람들이 인기가수나 브랜드 제품을 왜 좋아하는지, 또는 그것들이 사람들에게 어느 정도의 가치가 있는지 대중심리를 잘 읽어낼 수 있는 역량을 키울 필요가 있다. 이것은 앞으로 어떤 분야에서 사업을 하게 되든 반드시 필요한 일이다.

예를 들어 마돈나를 좋아하는 사람에게 왜 그녀를 좋아하느냐고 물어보면, 섹시하면서 매력 있다거나, 노래를 잘 부르니까 등등의 대답이 나올 것이다.

그러나 곰곰이 생각해 보면 매력이라든가 노래를 잘 부른다는 건 매우 주관적이고 추상적인 개념이다. 즉 많은 사람들이 마돈나의 노래를 좋아한 이유의 본질은 사실 그렇게 막연하고 모호한 것이었다. 또 한편 한국에 마돈나 붐이 일어난 한켠에는 마돈나의 미국에서의 폭발적인 인기도 한몫을 했다. 즉 우리나라 사람들이 마돈나를 '좋아한다'는 전제로 '미국에서 유행했기 때문'이라는 조건이 숨겨져 있었던 셈이다.

또 다른 예를 들어 보자. 에르메스는 일본인에게 인기가 매우 높은 명품 가방 브랜드다. 그렇다면 "에르메스의 가방을 좋아한다"고 하는 말 속에 담겨있는 대중심리는 어떤 것일까?

첫째, 가장 큰 이유는 에르메스가 전 세계적으로 사랑받는 브랜드라는 점을 들 수 있을 것이다. 만일 아무리 예쁘고 고급스러운 가방이 있어도 그것이 에르메스가 아니라면 아무리 똑같은 모양과 품질이라도 에르메스 애호가들의 구입의욕은 반감할 것이다. 즉 고객들이 상품을 구입하려는 의욕이 생기기까지는 "에르메스는 고급 가방이

므로 좋아한다.”는 심리작용이 필요하지만, 품질이 좋다
는 이유만으로 에르메스라는 상품을 구입하려 들지는 않
는다는 사실은 주목할 만하다.

다시 말해, 에르메스를 좋아하는 많은 사람들은 ‘에르
메스’라는 브랜드 이름을 좋아하는 것이지, 결코 에르메
스 제품 자체의 편리함이나 기능성 등이 타사 제품에 비
해 뛰어나기 때문에 이 가방을 구입하는 것이 아니다. 또
한 에르메스 가방의 색이나 모양이 자신의 취향에 잘 어
울리는지, 자신에게 잘 맞는지를 고려하는 것도 아니다.
즉 ‘에르메스기 때문에 좋아한다.’는 이유가 제품을 구입
하는 첫 번째 동기가 되는 셈이다.

미국이나 일본, 유럽 각국에서는 실제로 브랜드 이름
그 자체가 구입의 동기가 된다. 반면 이들은 실제로 눈으
로 관찰하면서 발견해낸 마음에 드는 제품을 살 때는 그
것이 브랜드 제품인지 아닌지는 중요하게 여기지 않는다.
그저 자신의 취향에 맞고 느낌에 와 닿으면 된다. 마음에
드는 넥타이가 비록 이름 없는 회사 제품으로 25달러짜리
싸구려라고 해도 바로 옆 매장에서 팔고 있는 130달러짜

리 유명 브랜드 사의 넥타이와 비교하지는 않는 것이다.

여기에서 사회의 경제 흐름을 날카롭게 꿰뚫어보라는 말이 나온다. 즉 여기에는 한번쯤 고민해 봐야 할 많은 요소들이 내포되어 있다. 다시 말해 독자적으로 상품을 개발하고 제조해 그것을 시장에 내놓으려고 할 때, '고객의 심리'를 충분히 파악하는 통찰력이 무엇보다 중요하다는 뜻이다.

최근 한국의 비즈니스 시장은 과도한 경쟁 속에 빠져 있다. 그리고 하루하루가 치열한 전쟁터 같은 시장에서 기업들은 '브랜드'로 승부할지, 아니면 '가격'이나 '질'로 승부할지 실로 미묘한 고민에 빠지게 된다.

물론 상품에 따라서는 이미 그 존재가 널리 알려져 있어도 팔리기 힘들다고 인식된 제품들이 있다. 또 브랜드의 힘은 없지만 '센스'와 '편리함' 그리고 '쉽게 친숙해질 수 있다'는 이유로 예상을 뛰어넘는 높은 평가를 받으면서 폭발적인 인기를 얻는 제품도 있다.

그래서 장사란 경영 이론만 가지고는 어렵다고들 말하는지 모른다.

즉 이처럼 어떤 제품이 잘 팔릴지 앞을 내다볼 수 없는 불투명한 비즈니스 사회에서 창업으로 성공하려면, 유행에만 만족하지 말고 그 유행을 제3자의 입장에서 객관적으로 관찰하는 소위 '아웃사이더' 의 눈이 필요하다.

또 유행의 흐름과 사람들의 심리를 날카롭게 바라보는 정보 분석가로 철저하게 변신해야 한다. 그리고 그렇게 냉정하게 분석한 뒤에야 가장 적절하다고 판단되는 시기와 장소에서 사람들의 흥미를 끌 수 있는 상품이나 서비스를 팔아야 한다.

예를 들어 취미 삼아 집에서 화초를 재배하는 사람도 자신의 집 정원에 씨를 뿌릴 때는 여러 가지를 신중하게 고려한다. 일단 땅만 있으면 어디든지 좋다는 식으로는 생각지 않는다. 땅 상태는 좋은지, 햇볕은 잘 드는지, 그리고 다른 식물들과의 조화는 괜찮은지 등을 종합적으로 고려한 뒤, 각각의 식물들이 균형을 이루며 잘 자랄 수 있도록 배려한 다음에야 씨를 뿌린다. 또 정원사만큼은 잘 알지 못하지만 재배를 위한 환경을 주의 깊게 관찰해 뿌린 씨가 싹을 내고 잘 자랄 수 있도록 세심한 노력을 기울인다.

모든 비즈니스에는 기본이 있다. 문제의식을 가지고 그 기본 원칙을 찾아내 항상 자신의 마음속에 되새기며 자신의 비즈니스에 응용할 수 있는 사람만이 사업에서 성공한다는 점을 명심하자.

도전정신으로 무장하라

하늘은 '1차 방정식형 인간'을 만들지 않았다. 나는 사업 경영에 임할 때 반드시 이 사실을 떠올리곤 했다. 1차 방정식형의 인간들은, 마치 고정된 수평 선상에 있는 것처럼 그 인생도 늘 일정한 각도로 성장해 간다는 것을 강조한다. 그러나 그런 인간은 현실적으로 존재하지 않는다.

인간은 모두 '패자부활'의 삶을 살아간다. 승자인 채로 평생을 돌진하는 사람은 없다. 실패하는 경우도 있고, 슬럼프도 있다. 아무리 성공 기업가라도 자금 융통에 비틀거리고, 동업자의 배신을 맛보고, 커다란 실패를 거듭한다. 그러나 모두들 결코 포기하지 않는다는 신념으로 몇 번이고 실패를 극복하며 위기를 헤쳐가고 있다.

여기에서 중요한 것은 패자부활이라는 이름에서 '패자'에 포인트를 두느냐, '부활'에 포인트를 두느냐다. 보통은 '패자탈락'에 모든 것을 맡겨버린다. 한번 실패하면 '이미 끝났다.'라며 완전히 체념하고 더 이상 노력하지 않는 것이다. 즉 자기의 목적을 잃고 방탕한 생활에 빠져 건강마저 잃어버리고 만다. 이런 근성으로는 절대로 사업을 새로 시작할 수도, 성공할 수도 없다.

가령 실패하는 일이 있더라도, 또는 슬럼프에 빠지더라도, 그곳에서 나는 안 된다고 생각하면 그 순간이 진정한 '끝장'이다. 성공과 실패를 반복할수록 그에 대한 면역력도 생긴다. 목표 지점에 가고 말겠다는 굳은 결심은 없던 건물도 지어내고, 거친 파도를 막는 방파제도 만들어낸다.

따라서 패자부활이란 절대 상처를 씻어주는 위로의 말이 아니다. 이것은 실패와 패배에 녹초가 되지 않고, 거기에서 '부활'하는 것을 바라는 질타다. 패자부활이라는 말을 듣고 용기가 끓어오르는 사람, 도전정신이 솟아나오는 사람만이 회사를 일으킬 자격이 있다.

도전하는 자가 성공한다는 평범한 사실을 당신은 외면할 것인가.

경제지 〈이코노미플러스〉에 의하면, 경기불황이 심해지면서 20대 취업자 수가 갈수록 줄어들고 있다고 한다. 지난해 통계청은 지난 2월 말 20대 취업자 수가 21년 만에 처음으로 300만 명 대(399만2000명)로 떨어졌다고 했으며, 이에 따라 현대경제사회연구원도 청년실업률이 20%에 육박, 100만 청년실업자 시대로 접어들고 있다고 경고한 바 있다.

이런 상황에서 사람은 두 부류로 나눠진다. 경기불황을 탓하며 체념하는 부류가 있는가 하면 과감히 틈새시장을 개척하는 개척파들도 있다. 20대의 파릇파릇한 나이에도 직원을 거느리고 현장을 뛰어다니는 청년 사장들의 경우는 바로 후자였다. 그들은 물려받은 유산이 많다거나 특별히 장사 교육을 받은 것도 아니었다. 그저 우리 주변에서 볼 수 있는 평범한 젊은이들이었다.

　이들의 도전정신과 실행능력은 남달랐다. 이들은 창업을 하다보면 으레 겪는 많은 시련도 거뜬히 이겨내 비록 작지만 그래도 청년실업자들의 눈을 휘둥그레지게 만들 정도의 달콤한 성공을 맛봤다. 이들은 점차 위축되어만 가는 청년 실업자들에게 말한다. "20대라면 누구에게나 있을 용기 있는 도전정신과 포기하지 않는 열정을 드러내면 반드시 이뤄진다"고….

　110만원 꼬치 노점상에서 매출 50억원의 기업으로 탈바꿈한 장정윤 사장, 자취방에서 컴퓨터 한 대로 연 매출 30억에 달하는 의류 쇼핑몰을 개척한 윤미 사장, 인터넷 카드 업계를 선도하고 있는 '카드코리아'의 김경진 사장, 그 외에 심심찮게 언론에 소개되는 젊은 창업자들이 있다. 바로 이 모두가 빡빡한 현실 속에서 달콤한 성공을 거둔 청년 창업자들이다. 이들에게는 공통된 특징이 있는데 바로 다음과 같다.

▶ 소비자와 쉽게 만날 수 있는 인터넷 환경을 적극
  활용한다.

▶ 취미 · 적성 · 전공을 살려 창업

▶ 적은 비용으로 사업 시작

▶ 20대 초반부터 체계적인 준비

▶ 실패를 두려워하지 않는 용기

출처 - 〈이코노미플러스〉

철저한 장사꾼 기질

사업 내내 나는 직원이 있든 없든 제일 먼저 나와 청소하고, 그날의 장사 준비를 시작하려고 노력했다. 그리고 우리 동네에서 가장 늦은 시간까지 문을 열어놓겠다고 다짐했다. 모든 것의 기본은 성실함이었다.

장사꾼은 자고로 성실해야 한다. 그것은 생활뿐만 아닌, 매출에서도 마찬가지다. 이를테면 비가 오나 눈이 오나 정기적으로 점포와 관련된 조사도 해내야 한다. 조사할 때는 자기점포의 전체 매출액은 물론 품목별 매출현황도 체크하면서 고객의 동향을 파악해야 하며, 아울러 점포 앞 통행객의 변화를 파악해야 한다. 통행객을 조사하다 보면 통행객 수와 계층의 변화 유무, 그리고 그에 따른 개별품목이나 전체 매출액의 변화양상을 알 수 있기 때문이다.

장사를 시작하는 사람들은 대체로 '얼마를 남길 것인가' 부터 생각한다. 물론 사업을 하기 전에는 당연히 사업성을 분석하고 투자대비 수익률을 따져보아야 한다. 그러나 일단 장사를 시작한 다음에는 수익을 따지기보다는 먼저 매상을 올리는 데 주력해야 한다. 처음부터 수익을 따져 남기는 데만 매달리다 보면 결국 고객에게 나쁜 인상을 주어 매출도 떨어지게 된다.

사실 장사란 적성을 따질 것이 못 된다. 장사란 그 속성상 자신을 최대한 낮추고 상대방은 최대한 떠받들어야 하는데, 세상 어느 누가 그 일이 적성에 맞겠는가. 장사는 적성이 아니라 현실이다. 따라서 매스컴이나 경영서 등에서 얻을 수 있는 정보를 무조건 신뢰하는 대신, 자신이 직접 경험하거나 실제로 확인하고 확신을 갖기 전에는 모든 것이 이론에 불과하다는 것을 잊지 말아야 한다. 특히 자본이 넉넉지 못한 사람이라면 더욱 이론과 실제는 다르다는 점을 명심하고 실제로 찾아다니면서 살아있는 정보를 수집해야 한다.

언젠가 사업이 어려움에 빠졌을 때, 내게 가장 살아있는 정보가 되어준 것이 있었다. 바로 기존 업체 사업자들의 경험담이었다. 그들이야말로 동종 업계들에게는 최고의 스승이었다. 장사를 하다 보면 아무리 새로운 아이디어라도 기존의 방법이나 사고방식에 20% 정도의 독창성만 가미되어 있는 것이다. 따라서 아이디어가 뛰어나다 해도 그 비중은 20% 정도에 지나지 않고, 나머지 80%는 기존의 방법에서 나오는 것이다. 그러므로 실제 장사를 해본 경험이 있는 사람의 충고를 들어보는 것이 좋다.

하지만 이 모든 것을 넘어 장사는 주인의 인격을 파는 것임을 잊지 말아야 한다.

장사는 기술이 아니라 주인의 인격을 파는 것이라 해도 과언이 아니다. 대부분의 경우 점포에서 받은 첫인상에서 구매여부가 판가름 나는데, 거기에 걸리는 시간은 단 4초이다. 우선 50%는 주인의 신체적인 언어에 의해서 결정된다. 신체적인 언어란 그 사람의 표정과 자세, 몸동작 등으로 웃는 얼굴, 단정한 차림, 고객을 정면으로 응시하는 자세 등이다.

그 다음 40%는 주인의 음성이 결정하는 것으로 말투나 억양이 상냥하고 부드러우면 좋은 첫인상을 갖게 된다. 그리고 나머지 10%가 실제로 입에서 나오는 말 몇 마디에서 결정된다.

창업자에게 체면과 자존심은 금물이다. 밑바닥부터 시작한다는 생각이 중요하다. 따라서 부지런함과 성실이 성공의 지름길이다. 사업에는 돈도 입지도 업종도 물론 중요하지만, 그보다 중요한 것은 마음가짐이다. 마음가짐이 어떠한가에 따라 지금의 주어진 환경과 한계를 극복해 나갈 수 있기 때문이다.

약속 5 성공하는 이들의 공통점

얼마 전 '창업과 사업을 사랑하는 사람들의 모임' 에 참석한 자리에서 전직 은행장과 이야기할 기회가 있었다. 사업으로 큰 돈을 번 사람을 많이 알고 있는 그는 그들의 공통점을 몇 가지 꼽아 보았다.

① 조금은 성격이 급해서 대부분 상당한 추진력을 갖고 있었다.
② 점심식사를 간단하게 먹고 시간을 쪼개서 일할 만큼 부지런하다.
③ 젊은 사람이든 늙은 사람이든 모두 기억력이 뛰어나다. 전화번호를 줄줄이 외고 있다든지 우리가 기억하기 어려운 것조차 모두 잊어버리지 않고 챙긴다.

자기연출, 자기실력으로 승부하기

극심한 불황이 지속되고 있는 요즘, 창업자의 마음가짐은 사업의 성패를 좌우하게 된다. 대체로 훌륭한 연기자는 하루아침에 만들어지지 않는다. 반짝하는 연예인들도 있지만 그들은 대부분 단명으로 사라지고, 단역부터 잔뼈가 굵은 연기자는 쉽게 사라지지 않는다. 부단한 자기연출만이 성공의 열쇠인 것이다. 점포사업에서도 이 논리는 언제나 적용된다.

대부분의 창업자들은 사전에 충분한 시장조사와 사업성 검토, 준비단계 등을 거친 후 개업을 하지만 막상 하다 보면 생각지도 못한 일들을 겪기도 하고 숱한 난관에 부딪히기도 한다. 이 고비를 넘기면 된다고들 하지만 말처럼 쉬운 일이 아니다. 사업자의 자기연출은 이래서 필요하다.

1998년 취미로 하던 손뜨개를 인터넷 사업으로 전개, 불과 1년 6개월 만에 국내 최대의 손뜨개 전문 백화점을 낸 S씨의 경우도 자기연출의 승리라고 할 수 있다.

창업초기 손뜨개 전문 쇼핑몰을 낸다고 할 때 주위에서는 크게 관심을 두지 않았다. 그러나 그녀는 스스로 이 아이템에 대한 확신을 가지고 손뜨개를 하나의 패션 장르로 연출해가면서 침체된 시장에 활기를 불어넣었다. 결국 그녀는 1년 동안 작품집 3권을 내면서 이미지를 굳혔고 이제는 어엿한 사업가로 거듭났다. 지금 이 시간에도 그녀는 지난해 자신이 연출했던 일들을 꼼꼼히 정리하고 있을지 모른다.

그런가 하면 한때 신바람 건강법으로 일약 대중스타로 부상한 H박사도 자기연출의 승리자로 꼽을 수 있다. 매일 아침 거울을 보면서 웃는 연습을 한 것을 대표적인 예로 들 수 있다.

결론적으로 사업은 자기와의 싸움이다. 다른 점포와의 싸움으로 생각하면 성공하기 힘들다. 특히 불황기에는 소비자들이 감성적인 소비보다는 이성적인 소비를 하는 경향이 강하기 때문에 확신이 부족한 점포운영은 예리한 소비자들의 잣대에 걸릴 수밖에 없다.

영업은 어떤 형태로든 사람과의 접촉으로 이뤄지기 때문에 매일매일 자기연출을 통해 자신의 모습을 새롭게 하지 않으면 아무리 훌륭한 인테리어도 소용없다. 누구든지 부담 없이 찾을 수 있는 공간연출은 바로 사업자의 자기연출에서 출발한다는 사실을 인식할 필요가 있다.

점포운영도 마찬가지이다. 우선 매일 아침 점포로 향하는 발걸음을 즐겁게 하자. 학생이 책가방을 고생가방이라고 생각하면 공부를 잘할 수 없다.

마찬가지로 자기 점포를 찾는 고객을 수익의 단위구조로 생각하면 고객의 수에 따라 희비가 엇갈리고 그러면 자신도 모르는 사이에 불특정 고객에게 감정이 생기게 된다.

다행히 장사가 잘되면 몰라도 그렇지 않으면 점포로 향하는 발걸음은 무거울 수밖에 없다. 고객을 고객으로만 생각하라는 이야기다.

그러기 위해서는 무엇보다 자신의 가치를 스스로 인정해야 한다. 판매업종은 필요한 물건을 필요로 하는 사람에게 공급해주는 일로서, 외식업종은 배고픈 사람에게 맛

있는 음식을 제공하는 방향으로, 그리고 서비스 업종은 고객이 원하는 것을 대신해주는 일에 적합하도록 스스로를 연출하라는 이야기다.

사람의 마음은 수시로 변한다. 이는 사업가도 마찬가지다. 이 마음을 바로 잡고 일관되게 다스리자는 의미를 이해해야 한다. 이는 단지 마음먹는 것으로는 해결되지 않는다. 자기가 맡은 업종에 대한 철저한 분석과 연구가 뒷받침 되어야 오래 지속될 수 있다.

경기도 안성 후미진 23평에서 성수기에 하루 600그릇의 냉면을 팔고 있는 '거먹골 냉면' 박 사장은 그런 면에서 타고난 자기 연출가다. 그를 만나면 이 세상에서 가장 맛있는 냉면은 거먹골 냉면이라고 믿게 된다. 실제로 먹어보면 그럴 만도 하다. 그는 자기가 만든 냉면은 그 누가 만든 것보다 맛있다고 믿고 있다. 또 그 믿음을 지켜가기 위해 지금도 연구하고 노력한다. 남들이 부러워할 만큼 돈도 벌었지만, 그 누구보다도 오직 맛있는 냉면으로 찾아오는 고객들을 만족시키기 위해 열심이다.

최대치로 노력하라

창업 점포에서 '지역별 중심상권의 업소 현황'을 조사해보면 1년 전에 전체 점포의 30% 이상이 바뀌는 것으로 나타난다. 소비자의 구매력이 떨어지는 변두리일수록 폐점 빈도는 더 높아진다. 특히 IMF 관리체제 직후인 1998년을 비롯해 최근 불황이 장기화되면서 이 현상은 더욱 두드러진다.

실패하는 창업자가 성공하는 창업자보다 더 많은 것이 엄연한 현실이다. 그렇다고 '나도 실패할 수 있다'고 지레 겁낼 필요는 없다. 중요한 것은 실패의 원인을 정확하게 파악하고, 내게도 닥칠 수 있는 실패를 미리 대비하는 것이다.

사실 아무리 많은 돈을 들이고, 좋은 입지 조건을 갖추어도 실패하는 사례가 많다. 고객이 외면하면 매출을 올릴 수 없기 때문이다. 창업자들은 '창업한다'는 것에 강

박관념을 갖고 있다. 그러나 창업은 사업실전의 전 단계일 뿐이다. 수익성 높은 아이템을 찾고, 유동인구가 많은 점포를 얻는 것은 중요한 일이다. 또한 이것을 토대로 고객을 창출하고, 수익을 얻는 사업 시스템을 만들어야만 성공할 수 있다.

사람들을 만나다 보면 "관리하기 쉬운 사업은 없나요?"라고 묻는 예비창업자들이 꼭 한둘씩 있다. 특히 중년층의 남성 퇴직자와 전업주부들이 그렇다. 그럴 때 나는 "심혈을 기울여 노동하지 않고 성공할 수는 없다."고 답한다. 소자본으로 출발해 부를 일군 창업자들은 고객만족을 위해 부지런하게 실천한다는 공통점을 갖고 있다. 계산대에 앉아 돈 계산만 할 요량이라면 처음부터 창업할 생각을 하지 않는 것이 좋다.

세균파동으로 아이스크림 판매점이 급속히 쇠락했던 때가 있다. 최근에도 쇠고기, 돼지고기, 생선회 관련 사업들이 고전을 면치 못하고 있는 것도 엄연한 현실이다. 그러나 환경에 굴복하지 않고, 빠르게 적응함으로써 극복하는 사람도 있다. 심지어 노점상도 호떡을 팔다가 여름이

되면 아이스크림을 판다. 이처럼 주어진 환경을 탓하는
것이 아니라, 그 환경을 내 편으로 만들어 최대치로 노력
할 때, 사업 또한 위기를 극복하고 성장할 수 있는 것이다.

배짱을 가지고 밀어붙여라

도전하는 사람은 어떤 상황에서도 용감하게 도전한다. 비록 밑바닥으로 떨어지는 한이 있더라도 끈기를 가지고 도전하는 자만이 비즈니스 세계에서 살아남을 수 있기 때문이다. 특히 20대나 30대 젊은이들에게 하고 싶은 말이 있다.

자고로 젊은 시절에는 배짱으로도 밥 벌어먹고 산다는 말이 있다. 배짱 있는 사람은 일단은 저질러 놓는다. 그래서 책임에도 무거운 의무를 느낀다.

실제로 우리 회사에서도 직원들 가운데 배짱 있게 큰소리 치는 사원들이 대체적으로 유능하다. 왜냐하면 큰소리를 쳐 놨기 때문에 싫어도 그걸 지켜야 하는 상황이 생기기 때문에 열심히 한다.

내 경우 제일 싫어하는 사람이 있다면, 바로 게으른 사람일 것이다. 이때 능력은 두 번째 문제, 아니 아무 상관이 없다. 특히 회사 업무라는 것은 대체로 고도의 능력을 원하는 게 아니다. 그보다는 어떤 문제가 생겼을 때 대처하는 능력이 더 중요하다. 그리고 이것은 열정과 일맥상통한다.

주변을 둘러보라. 유명한 대학을 나왔다고 모두가 유능하던가? 아니다. 진정 유능한 사람은 자기 일, 자기 회사에 관심이 많고 거기서 자신의 몫을 찾아내는 사람들이다. 그리고 우리 회사에는 열정적인 유능한 사원들이 많다고 감히 자부할 수 있다.

어느 시대든 사업가들은 새로운 비즈니스 전략을 짜내고 시대와 사회의 변화에 대응하는 경영술을 구사해 왔다. 따라서 창업자들은 안일하게 흔히들 말하는 IT혁명이라든가, 세계화라는 말에만 현혹되지 않도록 조심해야 한다. 그 보다는 자신이 소중히 여기지 않으면 안 될 사업가의 '철학' 이나 '이념' 을 잊지 않도록 노력하는 데 더 큰 힘을 쏟아야 한다.

회사의 경영은 마치 인생과 같다. 회사에서 일하는 사

람 중에는 '회사의 경영' 과 '인생' 을 전혀 별개로 인식하는 경우가 많다. 하지만 이 두 가지는 조직을 통괄하는 책임과 의무를 지고 있는 경영자의 입장에서는 똑같은 개념이다.

또한 경영자에게 회사는 그 자신의 분신과도 같다. 예를 들어 웃음이 멈추지 않을 정도로 많은 이익이 생겼다고 치자. 그러면 경영자는 그것을 토대로 어떻게 다음 이익을 이끌어낼지를 고민하며, 스스로의 회사에 자부심과 사랑을 느끼게 된다.

그러나 반대로 지난 몇 년간 적자가 이어져 체불된 청구금액이 잔뜩 쌓여 있다고 치자. 그럴 때 빌린 돈을 언제 갚을지 예상도 할 수 없는 상태라면 회사 운영이 인생 그 자체라고 다시 한 번 뼈저리게 느끼게 될 것이다.

오랫동안 지속된 경기침체의 영향으로, 현재 이런 사태에 직면해 있는 중소기업 경영자가 한둘이 아니다. 실제로 일반 사람들은, 부채를 안고 있는 회사의 경영자가 어떤 마음으로 하루하루를 살아가고 있는지 좀처럼 상상하기 힘들 것이다. 경영자는 회사가 곧 자신의 인생이기 때문에, 회사가 도산하면 자신도 무너진다고 생각한다. 즉 회사의 도산은 경영자들에게 치명적인 상처가 된다.

사업에 실패하여 회사가 무너진다는 건 지금까지 온갖 고생을 해온 자신의 인생 자체가 물거품이 되어버리는 것과 같다. 때문에 회사가 도산하면 경영자는 당분간 사회에 얼굴을 내미는 것을 꺼리게 된다. 중소기업의 경영자가 사업에 실패하고 야반도주를 했다는 이야기가 심심찮게 들려오는 것도 다 이런 이유 때문이다. 그럴 때 대다수 조용히 숨어 있다가 소동이 잠잠해지면 지방의 작은 공장에서 다시 일을 시작하는 경우가 실제로 부지기수다.

때문에 비즈니스에서 실패를 경험한 사람은, 생사의 험난한 기로를 헤매다가 살아 돌아온 것과 같다. 이미 몸과 마음에 돌이킬 수 없는 상처를 입었지만, 꼭 나쁜 일만 있는 것도 아니다. 이미 그들은 앞으로 어떤 일이 닥치더라도 다시 일어설 수 있는 승부근성을 몸에 익히게 되었으니 말이다. 이는 엘리트 교육을 받은 젊은 사람들이라고 해도 몸에 익히기 어려운 것들이다. 인생의 정해진 코스를 밟아온 미숙한 젊은이들이, 부채를 안고 매일 목숨을 건 위기상황에서 인생의 쓴맛을 느낀 '밑바닥 체험'을 이해할 수 있을 리 없다. 물론 두뇌 회전이 빠른 사람이라면 그런 이치 또한 쉽게 받아들일 수 있으리라.

진정한 '쓴 맛'이나 '괴로움'은 실제로 경험해보지 않으면 누구도 헤아릴 수 없다. 따라서 앞으로 새로운 사업을 하고 싶다는 야심이 있다면, 이 사실을 가장 먼저 기억하자. '역경이나 괴로움은 경험해 보지 않으면 알 수 없으며, 경험을 통해 얻는 근성도 쉽게 체득할 수 있는 것이 아니며, 회사의 경영자가 되고 싶다면 그런 경험의 축적이 반드시 필요하다'라는 점이다.

대부분의 사람은 역경을 피하고 싶어 한다. 그러나 인생에 승부를 거는 사업에서 겪은 생지옥과 같은 괴로운 경험은, 비즈니스 세계의 CEO로 성장하기 위해 반드시 거쳐야 할 과정임을 명심하자.

약속 6 창업 요령을 숙지하라

최근 들어 대학 졸업생의 취업난이 심해지고 있는 가운데, 기업들도 구조조정을 통한 감량경영에 나서고 있다. 즉 직장에 대한 기존 패러다임이 빠르게 바뀌고 있는 상황인 셈이다. 이에 따라 직장보다는 아예 창업일선에 나서는 젊은 층이 늘고 있다. 그러나 창업은 말처럼 쉬운 것이 아니다. 다만 철저한 준비만이 실패확률을 낮추고 성공확률을 높이는 왕도다.

① 창업 준비

어떤 일이든 첫 단추를 잘 끼워야 한다는 것은 상식이다. 실제로 많은 전문가들이 건강, 성격, 흥미, 전문분야 등 자신이 아는 것이야말로 성공적인 창업의 시작이라고 조언한다. 사업의 동기와 목적을 명확히 한 후, 창업하려는 분야의 현황과 통계 등을 철저하게 분석하여야만 한다.

② 사업 아이템 선정과 사업계획서 작성

업종 선택은 가장 먼저 고려해야 할 사항이다. 제품 또는 서비스 선정이 사업의 성패를 좌우하기 때문이다. 즉 창업자는 자신의 적성을 제대로 파악하고 이에 맞는 아이템을 선정해야 한다. 창업 컨설팅 회사를 이용하면 적성검사를 받은 뒤, 업종을 조언 받을 수 있다. 이렇게 아이템 선정이 끝나면 곧바로 사업계획서를 작성해야 한다. 업체 관련 내용과 창업 동기, 사업의 기대효과, 회사 개요, 사업전개 방안과 앞으로의 계획 등 회사조직과 운용에 대한 전반적인 내용을 담는다.

③ 사업 타당성 분석

사업 아이템이 과연 제품과 상품화 과정을 거쳐 시장에서 수요를 새롭게 창출하고 수입을 획득할 수 있을지, 미래의 기업으로 성공할 수 있는지를 체계적으로 분석해야 한다. 창업 초기에 흔히 부딪히는 문제는 기술 확보나 시장개척, 자금조달, 조직 · 경영관리 등이다. 이 단계에서는 시장 분석과 타당성 검토, 사업계획서 작성을 위한 자료 준비에 만전을 기울여야 한다.

④ 창업자금 확보

사업 아이템과 규모, 타당성 분석이 끝났으면 이에 필요한 자금 확보에 나서야 한다. 일반적으로 소자본 창업은 3억 원 이하의 자금으로 시작할 수 있는 사업을 말하며 점포 형이 대부분이다. 여기에 필수적인 요소로 외부 자금을 끌어들이더라고 절대 자신의 순자본 50%를 초과하지 않도록 한다. 외부자금이 많으면 이자 부담이 많아 위험할 수 있다.

⑤ 회사 설립

회사나 점포를 창업하려면 규모나 업종에 관계없이 사업을 시작한 날로부터 20일 이내에 구비서류를 갖춰 관할 세무서 민원봉사실에 사업자등록을 해야 한다. 그리고 세무서에서 사업자 등록증을 발급

받으면 비로소 새로운 기업 활동이 시작된다.

⑥ 사풍의 확립도 창업 전에 연구

개업 준비 단계에서 창업자가 우선적으로 고려해야할 사항은 사풍 (社風)의 확립이다. 사주인 나의 인상부터가 사풍에 중요한 요소가 된다. 말투, 회의 진행법, 고객 접대 태도, 상하 종업원간의 커뮤니케이션 등 많은 교섭들이 사업장 분위기를 만든다. 구성원이 많은 적든 모두가 한마음으로 공통된 목표를 향해갈 수 있도록 격려하고 동참하고 협조하는 사풍을 조성해야 한다.

불황기에는 호황기보다 창업 실패 확률이 높다. 경기가 위축될 때는 당연히 소비가 줄기 때문이다. 지금이 바로 그런 시점이다. 때문에 창업을 계획하거나 준비한다면, 돌다리도 두드리고 건너가는 신중한 접근이 필요하다. 즉, 창업과 관련된 각종 지원 단체나 지원제도, 컨설팅, 창업 강좌 등을 최대한 활용하는 것도 좋은 방법이다. 또한 정부나 지자체 또는 각종 민간 창업지원센터에서 운영, 제공하는 창업, 부업강좌나 정보를 비롯해 정책자금 등을 활용하면 안정성을 높여 실패확률을 줄이고 성공 가능성을 높일 수 있다. 현재 지자체 등 정부에서도 실직자들을 돕기 위해 상당 부분 정책자금을 창업 지원금으로 제공하고 있고, 창업 강좌도 풍부하게 개설되어 있다.

제 4 장

기회는 준비된 자의 몫

그간 우리에게 가장 큰 피해를 끼친 말은 바로

"지금껏 항상 그렇게 해왔어"라는 말이다.

-그레이스 호퍼(Grace Hopper)

성공을 꿈꾸는 당신을 위해

일본 혼다 가연의 직영 공장에서 일하는 N씨는 회사에서 부여한 근로 감상문에서 다음과 같은 직업관, 근로관을 피력해 경영진들을 감동시켰다.

인생이란 무엇인가. 살아간다는 것은 무엇을 의미하는가. 나에게 인생이란 멋있는 나만의 무대를 만드는 일이다. 따라서 정열적으로 연출하면서 춤을 춰야 한다. 순간순간을 그리고 한때 한때를 중요하게 후회 없도록 보내야 한다. 즉, 이렇게 살아야만 '아! 나는 살아 있다!' 는 실감이 나는 삶을 몸으로 행동하는 것이다. 여하튼 이것이 인생이 아니겠는가. 나는 혼다라는 회사에 들어와 근무하면서 진지하게 이런 생각들을 하게 되었다.

많은 젊은이들이 인생이라는 것을 자각하지 못한 채 쓸데없는 고민에 빠지거나 일시적인 향락에 몸을 맡겨 버린다. 반면 순간순간을 중요시하며 끊임없는 자기계발을 계속하는 사람은, 보람과 긍지 그리고 자신감이라는 최대의 자산을 갖게 된다. 누구를 막론하고 지나가버린 인생, 지나가 버린 세월은 결코 되돌릴 수 없다.

지금은 살아가는 지혜, 성공하는 지혜가 필요한 시대다. 땀 흘려 일하지 않고 얻어지는 보상은 없다.

흔히 운이 좋다거나 운이 따르는 사람이란 과연 어떤 사람들일까. 나는 분명히 그런 사람은 '공부를 좋아하는 사람' 들일 것이라고 생각한다. 여기서의 공부는 결코 어려운 책을 읽는다는 것만 의미하지는 않는다. 세상을 둘러보면 내가 모르는 것들을 나보다 잘 아는 사람들이 있다. 즉 그런 사람들로부터 하나씩 배워가며 하나씩 알아가려는 것도 하나의 공부라고 하겠다.

누구를 막론하고 공부를 좋아하면, TV, 라디오, 인터넷, 책 등 얼마든지 공부의 통로를 마련할 수 있다. 또 사람들과의 대화를 통해서도 얼마든지 공부할 수 있다. 우리는 고작해야 70년, 또는 80년 정도를 살 뿐이다. 따라서 그 동안 공부를 통해서 얻은 지식을 얼마만큼이나 삶으로 이끌어내는지가 중요하다.

즉 젊을 때 공부 안 하고 세월만 보내면, 늙어서 무식한 노인 취급을 받는다. 그러나 열심히 책을 읽는다거나 열심히 책을 쓰는 사람은 나이가 들어도 젊음을 느낄 수 있다. 우리들 인간은 세월이 흐르면 몸이 약해지지만 지혜는 점점 커진다. 즉 공부를 좋아할 수 있다는 것이 얼마나 중요한 장점인지를 인식하고, 작은 공부, 큰 공부 모두를 게을리 하지 말라.

경험이 재산이다

경영자는 무엇을 이루어야만 하는가.
이 문제에 대한 책이 있다. 고노스케가 1978년 출간한 마쓰시타 전기 창업
60주년에 맞춘 『실천경영철학』이라는 책이다. 그는 이 책 '머리말'의 서두
에서 다음과 같이 말한다.

이 책은 나의 60년의 사업 체험을 통해서 배우고 실천
해 온 경영에 대한 기본 사고방식 이른바 경영이념, 경영
철학을 한데 모은 것입니다. 경영이념, 경영철학이라고 하
면 약간은 거창한 느낌이 들지만, 내 책의 내용은 학문적
으로 연구한 것도 아니고 체계적으로 정비된 것도 아닙니
다. 어디까지나 실천적인 내용으로, 나는 경영을 이런 기
본적인 생각에 서서 행하면 반드시 성공한다는 것을 체험
으로 느꼈습니다.

　그의 60년에 걸친 체험에서 우러나온 20항목은 다음과 같았다.

① 경영이념을 먼저 확립한다.

② 모든 것은 생성 발전한다고 생각한다.

③ 인간관을 가진다.

④ 사명을 바르게 인식한다.

⑤ 자연의 이치에 따른다.

⑥ 이익은 보수이다.

⑦ 공존공영을 투철히 생각한다.

⑧ 세상은 바르다고 생각한다.

⑨ 반드시 성공한다고 생각한다.

⑩ 자주경영을 유념한다.

⑪ 댐 경영을 실행한다.

⑫ 적정경영을 행한다.

⑬ 맡은 일에 철저를 기한다.

⑭ 인간을 만든다.

⑮ 중지를 모은다.

⑯ 대립하면서 조화한다.

⑰ 경영은 창조이다.

⑱ 시대의 변화에 적응한다.

⑲ 정치에 관심을 가진다.

⑳ 솔직한 마음이 된다.

마쓰시타 고노스케는 말한다.

"회사의 경영이 좋고 나쁨은 사장의 책임이다."

그렇다. 권한이 있다면 책임이 따르는 것도 당연하다. 여기서 그가 "모든 것은 사장의 책임이다."라고 말한 것은 어김없이 그 자신의 쓰디쓴 경험에서 나온 것이었다. 실제로, 마쓰시타의 경영이라면 흔히 백전백승이라고 생각하기 쉽지만, 반드시 그런 것만은 아니었다. 그도 인간인 이상 실패한 적이 있지 않겠는가. 단지 그는 뛰어난 지혜 속에서 결정적인 타격을 입지 않고 고비를 넘겼을 뿐이다.

게다가 더욱 주목해야 할 점은 그가 그 실패를 토대로 새로운 경영 전략을 만들어냈다는 사실이다. 그 대단하다던 고노스케도 전쟁 전에는 소위 파트너를 구한 적이 있었다. 그러나 성과는 오르지 않았다. 그리고 바로 그때 그는 이 실패의 책임이 자신, 즉 '사장 한 사람'에게 있다는 것을 깨달았다.

그렇다. 경영자라는 입장은 고독하고 쓸쓸해질 때가 많다. 마치 달도 없는 어두운 밤의 논두렁길을 혼자서 터벅터벅 걷고 있는 것처럼 말이다. 친구를 갖고 싶다는 생각은 어쩌면 본능과도 같다.

하지만 경영이란 본래 그 자체가 냉엄한 것이다. 그래서 온정주의를 허용하지 않는다. 특히 경영 수행에서 공동경영이나 부업으로는 성공할 수 있는 확률이 지극히 저조하다.

마쓰시타 고노스케는 경영자의 자리에 오른 지 얼마 안 돼 이 사실을 깨달았다. 그는 "사업은 목숨을 걸고 하지 않으면 안 된다."며 "손실을 나 혼자서 책임진다."고 말했다. 경영자의 책임이 가지는 중요성을 말하는 것이다. 또 그는 어려움에서 "도피해서는 안 된다."라는 마음가짐의 필요성을 이야기하는 동시에, 좋다고 생각해서 시작한 일도 그 잘못을 깨달았다면 지체 없이 변화시켜야 한다고 말했다.

즉 경영이념만 확고히 구축하고 실행하면 변신의 속도 역시 미덕이라는 것이다. 노스케가 전기 산업에 뜻을 두게 된 동기부터가 그러했다. 스스로의 말을 빌리자면 다음과 같다.

지금으로부터 60년 전, 오사카에 전차가 생겼을 때 '앗! 전기가 이토록 좋은 것이라니!' 라고 생각해서 나는 사업을 바꾸게 된 것이지요.

그러나 사업을 시작하고 나서 맨 처음에 취급했던 소켓트는 반년도 지나지 않는 사이에 그만 둬 버렸다. 그리고는 후년에 와서 다음과 같이 능청을 떨고 있다.

군자는 하루에 세 번 변화한다. 그러나 이것은 1천 년 전의 일이다. 지금은 하루에 백 번 이상 변화할 정도가 되지 않으면 성공할 수 없다.

이는 한 중견 기업인의 충고다. 사실 이것은 사업을 해보지 않는 사람들로서는 조금 가슴에 와 닿지 않는 면이 있을지 모르지만, 막상 사업을 시작해보면 이 이야기가 무슨 뜻인지 알게 된다. 즉 아무리 창업에 성공할 자신이 있고 실제로 성공했다 하더라도, 다니던 직장을 중시하라는 내용이다.

1997년 중진공이 창업지도용으로 창업성공요건을 조사한 적이 있었다. 이 자료에는 다른 창업조사에서와 전혀 다른 내용이 하나 있었다. 그것은 누구에게 도움을 받으면 성공을 하느냐는 것이었다. 그러자 이 질문에 성공한 사람의 대부분이 전 직장동료의 도움을 받았다고 대답했다. 반면 실패한 사람은 친구와 동창의 도움을 많이 받은 것으로 나타났다. 이는 창업을 생각하고 있는 사람일수록 현재의 직장에서 충실히 일해야 한다는 것을 말한다.

변명하지 말라

변명이나 거짓말은 어디에도 도움이 되지 않을 뿐 아니라 실패의 전조가 된다. 옛말에도 "정직한 사람의 머리에 신(神)이 머문다."고 했다. 또 정직한 사람은 자신의 실패를 겸허히 인정하며 그에 대해 구구절절 변명을 늘어놓지 않는다.

특히 사업에서는 실패의 원인을 타인에게 돌리는 것은 어리석은 짓이 아닐 수 없다. 다음은 징기스칸의 시다.

집안이 나쁘다고 탓하지 말라.
나는 아홉 살 때 아버지를 잃고 마을에서 쫓겨났다.
나는 들쥐를 잡아 먹으며 연명했고
목숨을 건 전쟁이 내 직업이고 내 일이었다.

작은 나라에서 태어났다고 말하지 말라.
그림자 말고는 친구도 없고 병사로만 10만,
백성은 어린애와 노인까지 합쳐 2백만도 되지 않았다.

배운게 없다고 탓하지 말라.
나는 내 이름도 쓸 줄 몰랐으나 남의 말에
귀 기울이면서 현명해지는 법을 배웠다.

너무 막막하다고, 포기해야겠다고 말하지 말라.
나는 목에 칼을 쓰고도 탈출했고,
뺨에 화살을 맞고 죽었다 살아나기도 했다.

적은 밖에 있는 것이 아니라 내 안에 있었다.
나는 내게 거추장스러운 것은 깡그리 쓸어 버렸다.
나를 극복하는 그 순간 나는 징기스칸이 되었다.

그렇다고 너무 정직하게 모든 게 내 잘못이라고 이야

기하는 것도 바보다. 시비는 확실하게 가리되 내 잘못을 가리기 위해 타인을 궁지에 몰아넣어서는 안 된다는 뜻이다. 또 그처럼 변명에 사로잡히면 결과적으로는 타인에게 잘못을 미뤄야 하고 그 때문에 거짓말까지 하게 된다. 비즈니스 세계에서 흔히 벌어지는 일이다.

예로 마르틴 루터는 이렇게 말하고 있다.

"거짓말은 눈덩이와 같아서 굴리면 굴릴수록 커진다."

실제로 '처세는 거짓말' 이라는 등식은 지나치게 허무한 이야기다. 사실 누구나 살아오면서, 세파를 헤쳐 나가려면 정직하기만 해서는 안 된다고 말한다. 하지만 그런 말을 아무렇게나 내뱉는 사람 치고 성공한 사람은 드물다. 거짓말은 지극히 비능률적이고, 공허한 에너지를 소비하는 근원이 아니던가.

물론 사람은 누구나 크고 작은 거짓말을 하면서 살아간다. 자기는 절대로 거짓말을 하지 않는다고 한다면, 그것이야말로 새빨간 거짓말이다. 그러나 사귐에 있어서는 거짓말을 하지 않도록 해야 한다. 왜냐하면 교우(交友)의 원칙은 곧 마음의 연결이기 때문이다. 거기에는 결코 배

신이 용납되지 않는다. 한사람에게 거짓말을 한다는 것
은, 제 3자로부터의 냉정한 관찰과 평가, 그리고 절망을
의미한다.

　사람이 한 번 거짓말을 한 뒤, 그것을 사실로 돌려놓으
려면 적지 않은 노력이 요구된다. 단 한 차례의 거짓말로
인격 전체를 의심받고, 그것이 교우관계 전체에 파급되면
쌓아올린 재산을 잃는 것이나 다름없다. 이것만큼 미련한
손실도 없을 것이다.

　사람은 한번은 속아도 두 번은 속지 않는다. 세상이 넓
은 탓인지 그로 인해 피해를 입은 사람도 끝이 없다. 이 경
우, 그렇게 거짓말을 하는 사람은 인생의 황혼이 와있는
데도 친구 하나 없는 불행한 사람의 모습이 된다.

　'거짓말도 방편' 이라는 말은 비즈니스에서만 통용된
다는 점을 잊지 말라.

스스로 사람이 되어라

내가 어렸을 때 장사를 하는 친구의 형을 만난 적이 있다. 그때 그 형과 많은 이야기를 나누게 되었다. 한번은 그 형에게 "나는 한없이 사람 좋아 보이는 타입이라, 다른 사람의 발을 걷어차거나 교활한 행동을 할 수가 없어요. 그런데도 이 세상을 무리 없이 살아갈 수 있겠습니까?" 하고 물었다.

내가 거짓말 하지 않고도 성공할 수 있냐고 묻자 풍채 좋고 마음씨 좋아 보이던 친구의 형은 얼굴에 미소를 띠고, "아니다. 사실은 나도 그런 타입이라 다른 사람에게 곧잘 속곤 했었지. 그러나 호인은 호인 나름대로의 생활 방식이 있는 법이야. 아니 오히려 어수룩한 호인처럼 보이는 것이 이득이 되는 경우가 많다. 일부러 모습을 바꿔 괴상한 눈매를 하거나 표정을 짓는 것은 어리석다."고 충고해 주었다. 그러면서 "다만 문제는, 사람이 너무 좋으면 줏대 없이 이리 흔들 저리 흔들 할 수 있다는 점이다. 그러므로 언제나 지혜를 갈고 닦는 것을 잊지 말아야 한다."고 덧붙였다.

교활한 사람이 이득을 본다는 말은 별 신빙성이 없다. 사람들은 큰 부자나 권력을 쥔 정치가들 대다수가 나쁜 짓으로 그것을 이루었다고 말한다. 물론 전혀 근거 없는 말은 아니다. 호인들만으로는 통하지 않는 것이 이 세상의 이치이기 때문이다.

사람은 언제 어디서 누구에게 뒤통수를 맞을지 모른다. 그래서 영리한 듯 교활한 듯한 사람과는 쉽게 마음을 터놓기 힘들다. 만나서 기분 좋고, 친해져도 나쁘지 않은 사람이 아닌 이상 친밀한 우정을 형성하기 힘든 것이다.

그리고 그런 관점에서 보면, 인상이 괴팍하거나 날카로워 보이는 사람보다는, 다소 어수룩하면서도 정직해 보이는 사람에게 호감을 더 가질 수밖에 없는 것이다. 또한 그런 사람 주위에는 항상 사람들이 모여들게 된다.

문제는 그 사람의 행동과 두뇌도 우둔한가에 달려 있다. 한없이 좋아 보이면서도 총명한 두뇌를 가진 사람은 많은 친구와 권위를 얻을 수 있다. 그리고 그런 의미에서 교활한 사람은, 사실 지극히 어리석은 인간이라 할 수 있다. 「교활(狡猾)」이건 「교지(狡智)」이건, 도리에 어긋난 마음은 반드시 얼굴에 드러난다. 그럴듯한 말을 늘어놓으면서 위험인물이라는 간판을 내걸고 다니면, 친구들은 그를 영영 멀리하게 될 것이다.

교활함을 현명함으로 착각하는 사람이 많은 시대다. 상대방이 조금이라도 잘못되면 손해라도 볼까 등을 돌리는 자, 약삭빠르고 언제나 희희낙락 웃음을 가장하는 자들의 수법은, 본인은 잘 몰라도 상대의 눈에는 언제나 잘 띄게 마련이다. 사람들은 교활함을 용서하지 않는다. 교활한 사람은, 보다 교활한 사람에게 즉각 보복을 받는다.

사람의 목적은 호혜(互惠)에 의한 공동의 이익을 취하는 데 있다. 이 경우의 이익이란 반드시 금전이나 지위 등 즉물적(卽物的)인 것만 칭하는 것이 아니다. 여기에는 정신적 양식, 향상심(向上心), 풍부한 지식, 경건한 신앙까지도 포함되는데, 그 핵심은 언제나 '줄 수 있는 것이 있다' 는 데서 시작한다. 아무 얻을 것이 없는 곳에서는 사귐의 영속성도 인정되지 않는다. 즉 호혜의 정신이야말로 사귐을 오래 이끌어가게 하는 원동력인 셈이다.

실제로 서양 사람들은 기브 앤드 테이크(Give and Take)를 철칙으로 한다. 이는 기독교 정신에서 생겨난 것인데, 처세술은 아니지만 그들에게는 지극히 뿌리 깊은 생활 방식의 근간이다. 이를테면 사원들을 제멋대로 다루면서 강도 높은 노동을 요구하는 회사가 있다 치자. 시간 외 근무는 말할 것 없고, 접대나 상사의 사적용무에 이르기까지 무엇이든 태연하게 시킨다. 그러면서 사원들에 대한 사소한 이익 공여에는 인색하고, 부업을 한다는 이유로 해고하기도 한다.

모르긴 몰라도 그런 회사에 오래 붙어 있을 사원은 그다지 많지 않을 것이다.

사업 실패는 선택이 아니다

처음 시작한 일이 천직이 된다는 말은 다 맞지 않다. 대기업 사장의 명언 록 등에서 흔히 나오는 말이긴 하지만, 이는 공명을 이룬 사람이 과거를 미화 한 것에 지나지 않는다.

천직이랑 살아가는 도중에도 얼마든지 발견할 수 있다. 처음부터 이것을 내 천직으로 생각했다가 드디어 성공한 경우는 극히 드물다. 그 말은 처음부터 그 사람이 빅 비즈니스맨이었다는 말과 다를 바 없다.

앞에서 언급한 마쓰시타 고노스케도 견습공 시절을 거쳐 소켓을 만들어 팔기 시작했을 때만 해도, 자신이 오늘날과 같은 거대한 마쓰시타 그룹을 만들리라고는 상상하지 못했다. 혼다 슈이치로도 처음에는 마을 공장장으로서 그냥 무조건 오토바이에만 매달렸다가, 급기야는 세계적인 기업 혼다를 만들었다.

그것은 어디까지나 결과였다. 자신이 좋아하는 일을 하다 보니, 혹은 3년 내지 5년의 중기적인 목표를 하나씩 달성하다 보니, 결과적으로 점차 사업이 확대, 발전해간 것이다.

반대로 사업을 일으켰으나 5년도 안 돼 도산해 버린 이들도 많다. 그들의 대부분 샐러리맨을 탈피하고 싶어 '장사를 좀 해볼까?' 하는 생각으로 덤빈, 이른바 '어정쩡한 창업 족' 이다. 혹은 단지 돈을 벌고 싶다는 이유만 가지고 있었을 것이다. 그런 사람들과 고노스케, 슈이치로의 차이는 무얼까?

바로 사업을 추진하는 도중에 천직을 발견했느냐 여부이다.

그렇다면 천직이란 무엇일까?

어떤 사업을 하겠다고 마음을 굳혀도, 사실 그 단계에서는 그것이 천직인지 알 수 없다. 그저 해보는 것뿐이다. 그리고 한 단계 한 단계 남과 다른 오리지널리티를 추구해 간다.

그러다 어느 순간, '이 일은 나의 성격에 딱 맞는다.' 또는 '나는 이 사업을 하려고 이 세상에 태어난 것이다.' 라는 느낌을 받는다면, 그것은 바로 천직을 발견하는 행운의 순간이라고 하겠다.

그리고 난 뒤 일에 몰두하여, 독창적인 상품으로 개성화를 지향하면, 마치 순풍에 돛을 달듯이 갈 것이다. 내가 잘할 수 있는 일을 즐기면서 할 수 있다는 것이 바로 이런 경우를 천직이라고 해도 될 것이다.

우선 자신에게 어떤 사업이 제일 좋을지를 숙고한다. 물론 여기에는 나이, 건강, 자금, 경력, 환경, 수익성, 미래 등 수 많은 요소들을 종합해야 한다. 이를 구체적으로 들어 보면 다음과 같다.

1) 수요층 시장과 공급 시장 파악

- 누구를 대상으로 사업을 시작할 것인가를 고민

- 성별, 계층별, 연령대별 주된 수요층 설정

- 이들의 소비패턴 및 소비추세를 판단

2) 업종별 공급 시장 분석

- 음식 관련업(먹자 아이템)

- 의류 및 판매업(입자 아이템)

- 서비스업 및 기타(놀자 아이템)

3) 자신의 창업 적성을 판단하기

- 업종별 적성파악/주·야간아이템/홀배달아이템 등등

4) 나의 사업 환경 및 투자 환경 따져보기

- 나홀로창업/부부창업/가족창업/ 투자금액/기대수익
등등

5) 사업 형태 선정하기

- 체인점/독립점/전수창업

6) 최적의 아이템 결정

이렇게 아이템을 선정할 때는 또한 반드시 상권 탐색
이 필요하다. 그리고 그 상권을 볼 줄 아는 것이 바로 뛰어
난 창업자의 안목이라고 해도 과언이 아니다. 초보자들의
경우 아이템 선정을 위해서 열심히 인터넷 서핑을 하는
경우가 많은데, 100번 서핑보다는 직접 발을 움직여서 아

이템의 보고인 상권에 한 번 나가 보는 것이 중요하다.

특히 아이템에 대한 맹신은 금물인데, 아무리 좋은 아이템이라고 해도 그것이 곧 성공으로 직결되는 것은 아니기 때문이다.

또한 무조건적인 성공을 꿈꾸기보다는 실패사례를 학습하는 것이 더 큰 도움이 될 때가 있다. 실패는 성공의 어머니라는 말도 있지 않은가. 즉 실패를 통해서 성공의 틈새를 발견하는 안목 또한 필요하다.

출처 - 창업닥터(drsmjung)

스스로를 관리하라

천직도 그 분야의 전문지식에 관해서는 업계 최고라 불릴 정도는 되어야 한다. 기존의 타사에 없는 독특한 상품으로 미래를 열어가기 위해서는 남이 따라올 수 없는 지식이 필요하기 때문이다. 그러기 위해서는 평소의 트레이닝이 중요해지는데 지식을 축적하는 데도 노하우가 필요하다.

우선 지식을 정의, 목적, 내용으로 나누어 정리하는 것만으로도 그 사랑의 내면도 현저히 달라진다. 자신보다 지식이 많은 사람을 흉내 내는 것도 좋다. 또한 평소에 메모하는 습관을 익혀 두는 것도 중요하다. 실제로 사업의 성패를 결정하는 것은 도전적인 노력과 과학성의 유무이다. 그 과학성을 뒷받침하는 것이 지식이며, 그 지식은 창업자에게는 중요한 무기가 된다.

그런가 하면 창업자는 '4:3:2:1의 에너지 배분 법칙'을 잊어서는 안 된다. 자신의 힘이 10이라면 4를 고객, 3을 거래업자, 2를 동업자, 1을 내부로 돌린다. 이 법칙을 잊는 창업자는 반드시 비즈니스 세계에서 패한다. 심한 경우에는 자신의 회사 내부에 10의 힘을 쏟고 사용자의 존재를 전혀 무시하기도 한다. 그런 사람은 이미 당사자 의식이 결여된 '평론가' 며, 앞과 뒤를 보지 못하는 사람이다.

그런데 의외로 많은 창업 사장들이 이 같은 실수를 범한다. 설립 초기에는 열심히 고객을 생각하며 사업을 하다가, 사업이 어느 정도 궤도에 오르면 사장석에 앉아 으스대며 회사 내 일에만 관심을 쏟는다. 그 순간부터 회사는 기울기 시작한다.

예를 들면 개점 초에는 맛있다고 소문났던 음식점이 번창하자마자 맛이 변하는 경우를 들 수 있다. 원인을 보니 창업자가 이제는 주방은 외면하고 앉아 돈 계산만 하고 있더라는 것이다.

이 같은 일은 어느 회사에서나 일어날 수 있다.

시간이 흘러 어느 정도 성공하면 이처럼 내부로 쉽게 관심을 돌리게 되는 것은, 그것이 편하기 때문이다. 고객을 직접 마주 대하자며 값을 깎아달라느니 빨리 납품해달라는 클레임에도 직접 부딪쳐야 한다. 그런 이들이 더 이상은 귀찮고 제법 매출도 달성했으니, 이제부터는 편하게 사업을 하겠다는 생각이 드는 것이다.

하지만 비즈니스에서 내게 돈을 지불하는 사람은 오직 고객들뿐이다. 따라서 창업자는 고객과 접하는 비즈니스 현장에 늘 있어야 한다. 자금 융통에만 쫓기거나 주식이나 부동산에 빠지는 '경영머신', '골프광', 접대만 하는 '접대사장' 이 되었을 때 그 회사는 반드시 망하게 된다.

예컨대 '회사를 창업한 후 10년이 될 때까지는 절대로 골프를 쳐서는 안 된다.' 는 지론이 생긴 것도 그런 이유다. 영국에서 귀족 스포츠로 발전한 골프가 한국에서는 샐러리맨의 스포츠가 되었다. 귀족도 샐러리맨도 모두 수입이 보장된 안정된 신분이다. 하지만 창업자는 안정과는 거리가 멀다. 그런 상황에서 골프라니, 그것은 그 창업자 마인드의 한 단면을 여실히 보여주는 것이며, 단언컨대 그 회사가 오래 갈 리 없을 것이다.

돈을 쓰는 것에도 우선순위가 있다. 아래의 4가지에 들이는 돈은 소비가 아니라 투자라고 생각하자. 골프장에 가거나 도박을 하거나, 혹은 필요 이상으로 고급 승용차를 사는 등에 돈을 쓰는 사람은 사업을 할 자격이 없다고 봐도 과언이 아니다. 쓸데없는 지출은 되도록 삼가되 다음 4가지에는 필히 신경을 쓰자.

① **먹는 데 쓰는 돈은 아끼지 마라.** 다소 비싸더라고 무공해 현미나 야채 등 좋은 식품, 영양가 있는 음식을 먹어 건강을 유지해야 사업경영을 할 수가 있다.

② **사람을 사귀는데 쓰는 돈은 낭비가 아니다.** 직원과 거래처 사람들과 식사를 하거나 적당하게 술을 마시는 데 쓰는 돈은 낭비가 아니다. 좋은 인간관계는 창업자의 보

물이다.

③ **공부하는 데 들이는 돈을 아까워하지 마라.** 도서 구입, 자료 수집, 세미나 참석, 창업 박람회 등에 드는 비용을 아까워해서는 안 된다.

④ **공적인 자리에 갈 때는 질 좋은 옷을 입어야 품위가 난다.** 언제든지 공적인 장소에 참석할 수 있도록 자신을 돋보이게 해줄 수 있는 좋은 옷을 입는다. 머리도 단정하게 이발해 둘 필요가 있다. 옷을 허술하게 입으면 자사의 상품이나 서비스까지 안 좋아 보인다. 옷값을 아끼려다 오히려 사업상 손해도 볼 수 있음을 염두에 두고 단정한 외모로 고객에게 좋은 인상을 주도록 한다.

사업은 욕망이 클수록 성공한다

현대 사회는 돈에 대한 이중성을 품고 있다. 많은 이들이 더 많은 돈, 더 많은 부를 외치지만, 한편으로는 돈을 죄악시 하고 경멸한다. 그래서야 돈을 벌겠다는 목표를 순수하게 가질 수 없다. 또 사업에서는 이것이 치명적인 장애물이 되기도 한다.

평소에는 물론 사업을 할 때는 절대로 욕망을 나쁜 것, 더러운 것으로 봐서는 안 된다. 오히려 '욕(慾)'이 얼마나 강한가에 따라 창업의 성공과 실패도 판가름지어진다.

인간이란 '동물'에 영혼과 규율이 더해진 존재다. 의식주에 대한 욕망, 색욕에 대한 마음, 이처럼 동물적 욕망이 모든 행동과 사고의 핵심이 되어 있다. 거기에다가 명예욕, 권력욕과 물질욕 등이 플러스되면 그것이 바로 인간이다. 결국 인간사회는 이처럼 '욕'을 수렴하는 일이

며, 동물적 욕망이야말로 인간의 원점이라는 것을 명확하
게 인식해 둘 필요가 있다.

이러한 인식이 왜 중요한가를 생각해보자. 욕망이라는
게 없으면 사업뿐만 아니라 국가도 실패한다. 구소련과
동유럽 등 사회주의 국가가 결국 몰락한 것도 바로 인간
의 욕망에 대한 인식을 소홀히 했기 때문이다.

사회주의 국가는 만인이 평등한 사회를 실현한다는 이
상을 추구하기 위해 탄생했다. 그리고 이를 위해 국민들
의 개인적인 욕망을 억제하고, 국가에 대한 무조건적인
공헌을 요구했다. 즉 욕망이라는 것은 그 이상 세계를 더
럽히고, 그 실현을 방해하는 적처럼 간주되었다. 그 결과
는 어떠했는가.

대다수는 가난하고 굶주릴 때 일부 특권계층의 사람들
만 호화 저택에 살면서 지나칠 정도로 화려한 생활을 만
끽했다. 그리고 이 같은 불평등이 명백하게 드러나자 국
민들도 일할 의욕을 잃어갔다. 그리고 결국 채워지지 않
는 욕망에 대한 불만이 폭발하여 사회주의 국가들은 몰락
의 길을 걸었다.

즉 욕망을 더러운 것이라고만 간주해 어두운 감옥에 억지로 가두어버린 결과였다.

욕망은 누구에게나 필요한 것이다. 우리는 욕망을 원동력으로 타인에게 무엇인가를 주기도 하고, 그것이 사업으로 연결되어 성공하기도 한다. 또 그러다 보면 그 사업이 사회에 공헌을 이루기도 한다. 즉 명예욕과 권력욕, 물욕, 이 모든 것이 충족되는 것이다. 즉, 사회 공헌의 원동력은 바로 욕망에서 시작된다고 할 수 있다.

우리들이 살고 있는 자본주의 사회에서는, 사회 공헌이라는 숭고한 목적 이면에는 이런 욕망이 잠재되어 있다는 사실을 잊어서는 안 된다. 즉 욕망이 크면 클수록 사회 공헌의 정도도 크며 사업 성공 가능성도 커진다.

즉 욕망이 없거나 적은 사람은 창업할 생각조차 하지 말아야 한다. 실제로 기업을 경영한다는 것은 경제, 즉 돈을 매개로 자신과 사회를 연결시킬 수 있는 멋진 일이다. 이 사실 자체를 즐기지 못하면 사업을 즐길 수도 없다.

반면 모든 것을 잊어버리고 오로지 돈만 쫓게 되면 그 사업은 실패한다.

욕망에 기반을 둔 확실한 목표를 사업 경영에 매우 중요한 일이라고 앞서 기술했다. 그러나 이때 잊지 말아야 할 것은 그 욕망은 반드시 사회공헌과 연계되어 있지 않으면 안 된다는 것이다. 눈앞의 돈만을 쫓아가는 것은 작은 욕망, 소위 '소욕(小慾)'이다. 벤츠를 타고 좋은 저택에 살고 싶다는 것도 소욕이다. 이런 탐욕만을 앞세우면 주변의 인지도를 잃기 쉽고 사업을 성공으로 이끄는 것도 무리다.

아마 그런 사장 밑에서는 직원들도 이렇게 불평할 것이다.

"뭐야, 저 사장은 벤츠를 타고 싶어 이렇게 우리를 이용하는 거잖아!"

이런 불평이 종업원들의 일할 의욕을 빼앗아 버리는 것도 당연하다. 그러나 순서가 바뀌면 모든 것이 달라진다. 즉 사회에 도움 되는 작고 큰 일들에 신경을 쓰고 그 결과로 벤츠를 타는 것은 다르다. 즉 사회에 공헌하는 중에 자신도 돈을 모으게 되는 것이다. 사업가가 돈을 버는 프로세스는 이렇게 되지 않으면 안 된다.

여기서 사회에 도움을 주겠다는 마음은 아까의 소욕과
는 다른 하나의 '대의(大義)' 이다. 그리고 그 소욕과 욕망
들 어떤 대욕으로 감싸 안을 것인가. 여기에 바로 창업의
진리가 숨어 있다.

흔히 대욕을 추구하는 사람들이 사업에도 성공하고 욕
망도 실현한다. 사업이라는 것은 본질적으로 전쟁터와 같
다. 사업을 꾸려가다 보면 늘 자금의 벽에 부딪치고, 동업
자에게 배신을 당하는 경우가 다반사다. 이처럼 무릎을
꺾는 순간에 그저 소욕만 가진 사람들은 쉽게 무너진다.
반대로 큰 뜻을 품은 사람은 일단 무너져도 잘 일어선다.
그 고통을 이겨낼 명분이 있기 때문이다. 또 대의를 펼쳐
온 사람은 급할 때마다 사회의 보이지 않는 손들이 그들
지켜준다. 왜냐하면, 사회 공헌에 뜻을 품은 사람을 몰락
시키는 것은 사회에도 손실이기 때문이다. 결국 최후에
이기는 것은 '대의를 가진 사람' 이다.

약속 7 예비 창업자의 기본 수칙을 기억하라!

소자본 사업은 자신이 직접 땀 흘리며 일하겠다는 마음이 있어야 성공한다고 흔히 말한다. 개인의 노력이 가장 중요하다는 이야기이다. 또 업종 흐름과 사업에 필요한 기초지식을 모르면 성공의 결실을 얻기 힘들다. 따라서 전문가들의 조언을 귀담아 듣고 자신이 직접 공부를 해야 한다. 최근 중기청이 전국적으로 운영하는 76군데의 소상공인지원센터에서는 250명의 상담사가 창업 희망자에게 상담을 해주고 있다. 이들이 실제 상담에서 창업 희망자들에게 필요하다고 느낀 내용들을 소개한다.

최근 들어 경기 불황으로 실직자와 대졸 미취업자들이 늘면서 소자본 창업에 대한 관심이 크게 높아지고 있다. 성공하기 위해서는 여러 요소를 갖춰야 한다. 그러나 무엇이 가장 필요한지는 전문가마다 보는 관점이 다르다.

① 철저하게 바닥부터 다시 시작하겠다는 프로의식을 갖고 출발해야 한다. 성공하기 위해서는 온갖 도전을 극복하고 어려움에 직면할 때마다 인내심과 신념을 갖고 노력하지 않으면 안 된다. 성공여부는 얼마나 계획적이고 적극적인 자세로 전략을 개발하고 이를 추진하는 프로의식을 갖고 있는지 여부에 달려있다.

②고객 앞에서는 체면과 자존심을 버려야 한다. 기왕 사업을 시작했다면 고객에게 최대한 친절해야 한다. 자신을 최대한으로 낮출 수 있어야 한 사람의 고객이라도 더 붙잡을 수 있다는 점을 명심한다.

③사업 규모는 자금 규모에 맞춰야 한다. 예비창업자는 모든 투자비용을 자기자본으로 시작하는 것이 이상적이다. 자금의 20% 정도는 여유자금으로 떼어놓는 것이 바람직하다.

④처음부터 규모가 큰 점포를 인수하거나, 초기 인테리어 비용에 너무 많이 투자하면 안 된다. 적게 투자하고 노하우를 익힌 뒤에 사업을 크게 벌여도 늦지 않다.

⑤사업의 성패는 점포 위치와 상권 내 고객 선점 여부에 달려 있다는 점을 명심해야 한다. 점포를 계약 할 때는 전문가의 조언에 따라 건물의 권리 관계를 꼼꼼하게 따져봐야 한다.

⑥새로 도입되는 업종보다는 발전가능성이 있는 성장 초기의 유망 업종을 택하는 것이 안정적이다. 처음에는 일시적인 유행업종 보다는 실생활에 필요한 업종에 관심을 두는 것이 좋다. 경험을 쌓은 뒤에는 시대의 변화에 맞춰 사업 기조를 유지하면서 변신하는 것이 좋

다.

⑦ 창업 전문가를 적극적으로 활용해야 한다. 예비창업자는 사업기술뿐 아니라 기본적인 지식과 정보가 부족하다. 맹목적으로 직접 발로 뛰며 눈으로 확인하는 것보다는 전문가의 조언을 들으며 움직이는 것이 바람직하다.

⑧신문 · 잡지 · 방송에 나오는 기사나 광고에 현혹되지 않아야한다. 예비창업자들은 때로 과장된 기사나 광고에 판단이 흐려질 수 있는데, 객관적으로 보는 마음과 취사선택할 수 있는 안목을 길러야 한다.

⑨시장변화에 대한 정보를 계속 수집해야 한다. 정보력은 경쟁력이다. '지피지기(知彼知己), 백전불태(百戰不殆)' 라는 병법의 논리는 디지털 지식정보 시대에도 그대로 적용된다.

⑩ 건강관리는 사업성공의 기반이다. 건강한 사람만이 우수한 직원을 거느릴 수 있으며 고객을 지속적으로 관리할 수 있고 성공할 수 있는 것이다.

제 5 장

청소용품나라를 찾아서

"재미가 없다면, 왜 그걸 하고 있는 건가?"

-제리 그린필드(Jerry Greenfield)

(주)동명 Total
청소
산업

청소용품나라로 오세요!

아직도 나는 손님들을 보면 "어서 오십시오."라고 인사를 건넨다. 사장부터 고객을 대하는 본보기를 보여야 한다는 생각에서다. 고객들은 단순히 물건 뿐만 아니라 최상의 서비스를 누리기 위해 찾아온다. 그런 면에서 항상 사장과 직원들은 언제나 긍정적인 마인드로 생활할 필요가 있다.

앞에서도 잠시 언급했지만 나의 금언 문구는 "글쎄요! 안돼요! 곤란해요!"라는 말이다. 이런 일이 벌어지면 나도 모르게 눈에 쌍심지가 켜지기도 한다. 그런 나 때문에 직원들도 여간 고달프지 않겠지만, 사업의 원칙은 어떤 상황에서도 지켜져야 하는 가장 중요한 중심인 것이다.

하루를 돌이켜 보기

사업을 시작하면서부터 하루도 빼놓지 않고 하는 일이 있다. 바로 일기 쓰기다. 예전에는 내 마음 위주의 문제를 편안하게 늘어놓는 게 일기였다면, 이제는 좀 더 복잡하고 딱딱한 일기 쓰기가 요구된다.

아무리 사업을 하는 사람이라도 한 가정의 가장인 이상 가족에게 소홀한 것은 죄악이 된다. 안정적으로 사업하는 데 평온한 가정만큼 든든한 밑받침이 되어주는 곳도 없기 때문이다. 우리는 힘들 때면 다른 어디도 아닌 가정에서 힘을 얻는다.

그러나 사람 살아가는 일이 다 그런지라 소소하게 벌어지는 가족 문제가 없을 수 없다. 그런 일들은 가장 먼저 일기장에 적는다. 이렇게 글로 적다 보면 속이 더 상하기 전에 적합한 해결책을 찾을 수 있는 시간을 벌 수 있고, 내 감정도 객관적으로 바라볼 수 있다. 뿐만 아니라 거래처나 고객과 문제, 직원들과의 문제, 사업상의 문제, 인간관계들 또한 자주 등장하는 주제다. 사업이 일상이 된 이상, 이 또한 내 삶의 소명으로 알고 반드시 반성하고 돌이켜보는 시간이 필요하기 때문이다.

일은 즐겁게

어떤 사무실이나 공장이든 저만의 분위기가 있다. 오랜 시간 동안 많은 사업체들을 이곳저곳 돌아다녀 본 사람이라면, 좀 과장해서 "이 회사는 될 회사, 저 회사는 안 될 회사"라는 이른바 직감이 올 때가 있다.

그렇다면 될 회사, 안 될 회사라는 분위기를 만드는 근원적인 원인은 무엇일까?

바로 그 회사가 어떤 원동력으로 돌아가고 있느냐다. 회사는 어떻게든 굴러간다. 즉 권위와 폭압으로도 굴러갈 수도 있고, 인간적인 신뢰와 웃음으로도 굴러간다. 어느 쪽이 효과가 더 좋을지는 아마 말하지 않아도 잘 알 것이다.

일은 일단 즐거워야 한다. 더욱이 청소는 기본적으로

더 즐거운 생활을 위한 준비다. 그러니 청소용품을 파는 사람이 즐겁게 일하지 않을 수 없다. 사실 일을 하다 보면 언성도 높아지고 부딪치지 않으려 해도 부딪치게 된다. 세상사가 마음대로만 흘러간다면야 문제없지만, 한 사람이 가진 진정한 힘은 세상사가 내 마음대로 되지 않을 때 더 진가를 발휘한다. 때문에 아무리 고달픈 일이 있어도 그 여파가 이틀을 가지 않도록 한다는 것이 우리 회사의 철칙이다. 일반 직원들보다는 팀장들이 이를 더 지키기 위해 노력한다. 즐거운 분위기는 아래가 아닌 위에서부터 나온다는 생각에서다.

신념이 성공을 이끈다

글쓰기도 그림도 주제가 없다면 맥을 잃고 흔들리게 된다. 그리고 내가 이 사업을 하면서 오랜 시간 난관을 이겨올 수 있었던 것은 바로 스스로 가진 신념이 있었기 때문이다. 회사 창립 이래 지금까지 '보다 깨끗한 환경을 만들겠다' 는 것이 나의 주제였다.

깨끗한 환경 서비스를 제공한다는 일념으로 고객이 요구하는 조건에 능동적으로 대처하고 다양한 화장지는 물론 국내의 모든 환경 관련 분야에서 회사의 기업경쟁력을 높여왔다. 게다가 여러 가지 노력들이 결실을 얻었는지 금상첨화로 한국품질인증센터의 ISO9001, 환경경영시스템 인증 ISO14001의 품질인증까지 취득하게 되었다. 이처럼 좋은 일이 보태지면서 회사도 더욱 더 성장을 거듭하고, '깨끗한 미래 환경을 추구하는 성공하는 기업' 이라는 평가까지 얻게 된 것이다.

거래처와의 신뢰를 찾아

예로 나폴레옹 힐은 "친절만이 치열한 판매경쟁에서 이길 수 있으며 불황은 성장할 수 있는 좋은 기회이다."라고 말했다. 또한 카네기는 "사려고 하는 사람에게 상품을 파는 것은 판매가 아니다. 살 마음이 없는 사람에게 사고 싶은 마음이 생기도록 하는 것이 판매다."라고 강조한 바 있다.

청소용품나라 (주)동명 토털 솔루션 (http://www.dmnts.co.kr)은 거래처 고객의 만족을 최우선으로 목표하고 있다. 그러기 위해서는 다양한 제품, 최고의 품질, 합리적 가격, 빠른 배송 시스템 등이 필요하다는 것은 너무 당연한 사실이다.

사실 이 같은 시스템들을 구축하는 것은 쉬운 일만은 아니었다. 하지만 성급하게 모든 것을 이룰 수 없는 만큼, 시스템 구축은 어디까지나 성실함이 발판이 되어 한걸음

씩 신중하게 나아가야 한다. 1997년 창립 이래 청소용품 나라의 역사도 10년이 지났다.

　현재 우리 회사는 전국 최대 규모의 물류 창고를 보유하고 있다. 그야말로 10년의 부단한 노력이 일궈낸 성과라 하겠다.

거래처

〈관공서〉

· 경기개발공사

· 경기도립과천도서관

· 경기도미술관

· 경기도산림환경연구소

· 경기도새마을회

· 경기도 선거관리위원회

· 경기지방경찰청

· 경남거창자활후견기관

· 경정운영본부

· 경찰경호대

· 과천종합청사

· 관악구청

· 광명종합사회복지관

· 권선구청

· 김포시립도서관

· 농업공학연구소

· 농촌진흥청

· 농협(수원시지부)

· 농협(안산지부)

· 농협(원천지점)

· 대한민국 상이군경회

· 덕수궁관리사무소

· 동내구농협협동조합

· 북문지구대

· 사회복지법인 기독교대한감리회

· 서울시립창동청소년수련관

· 서울종로구청소년문화센터

· 서울종합운동장

· 선경도서관

· 성동구청

· 수원구치소

· 수원시 각 동사무소

· 수원시 상수도 사업소

· 수원시 월드컵경기장

· 수원시 재활용사업소

· 수원시 청소년문화센타

· 수원시 화성문화재단

· 수원시립노인전문요양원

· 수언시 새천년 수영장

· 수원시 시설관리공단

· 수원시 야회음악당

· 수원시장례식장

· 수원시장애인복지관

· 수원시 종합운동장

· 수원시청

· 수원시해병대전우회

· 수원중부경찰서

· 안산시청

· 에너지관리공단

· 영통구청

· 오산시보건소

· 오산시청

· 요인시농업기술센타

· 우만복지관

· 우정사업본부

· 의왕과천유료화도로공사

· 장안구청

· 정보통신공무원 교육원

· 철도청 KTX 역사

· 청와대 경비대

· 특수전사령부

· 팔달구청

· 평택종합운동장

· 한국농촌지도자협회

· 한국위생공사

· 해군 군수사령부

· 해병대 상륙지원단

〈학교〉

· 건국대학교

· 경기도립전문대학교

· 경남대학교

· 경희대학교

· 동남대학교

· 서울보건대학

· 서울여자대학교

· 성균대학교

· 서울시립대학교

· 수원여자대학교

· 총신대학교

· 한국IT직업전문학교

· 한국성서대학교

· 한국철도대학

· 한양대학교

· 검단고등학교

· 경문고등학교

- 경원고등학교
- 계명고등학교
- 대부고등학교
- 둔전고등학교
- 명당고등학교
- 백운고등학교
- 분당대진고등학교
- 삼천포여자고등학교
- 성호고등학교
- 인창고등학교
- 장안고등학교
- 청명고등학교
- 팔달공업고등학교
- 혜화여자고등학교
- 거원중학교
- 기안중학교
- 남수원중학교
- 남양중학교

· 덕산중학교

· 동학중학교

· 상현중학교

· 서울 한강중학교

· 성남 서일중학교

· 송원여자중학교

· 수성중학교

· 숭실중학교

· 쌘뿔여자중학교

· 언북중학교

· 연무중학교

· 염창중학교

· 오류중학교

· 오마중학교

· 율현중학교

· 제주서중학교

· 조원중학교

· 죽산중학교

- 청명중학교

- 환호여자중학교

- 거문초등학교

- 계성초등학교

- 고현초등학교

- 곡반초등학교

- 대청초등학교

- 덕현초등학교

- 동북초등학교

- 동탄초등학교

- 둔전초등학교

- 매원초등학교

- 부천중앙초등학교

- 서울난곡초등학교

- 서울동북초등학교

- 성호초등학교

- 송정초등학교

· 신선초등학교

· 연무초등학교

· 영화초등학교

· 오산원당초등학교

· 용인백현초등학교

· 우만초등학교

· 율현초등학교

· 입북초등학교

· 작전초등학교

· 조원초등학교

· 진주혜광학교

· 창용초등학교

· 탑동초등학교

· 파장초등학교

· 조원초등학교

· 효탑초등학교

〈일반업체〉

· (주)KSC네트워크

· (주)가우건설 도체

· (주)거해

· (주)겜TV

· (주)국제경보산업

· (주)그린텍

· (주)나라감정경기지사

· (주)덴티움

· (주)바론에스엘

· (주)삼성전자 로지텍

· (주)선일산업개발

· (주)세화농산(용인)

· (주)신현대주택관리

· (주)알파캠

· (주)에이스테크

· (주)엠스타 반도체

· (주)월드클로이드

· (주)월코리아

· (주)청광

- (주)캐미텍 인터네셔날
- (주)코리아세이프
- (주)코센종합개발
- (주)코오롱제약
- (주)크란츠테크노
- (주)태정테크
- (주)파인디엔씨
- (주)하나로통신
- CGV골프연습장
- CGV골프연습장(청주)
- SK텔레콤
- 경기신문
- 고시원아케데미캠퍼스
- 너싱홈노블시니어스
- 농업기계화연구소
- 다이소아성산업(주)
- 대일프라자
- 드림오피스

- 롯데IT캐슬

- 리버타워빌딩

- 명문내과

- 범아건업

- 벨루가호텔(구 뉴스타호텔)

- 산업은행

- 삼성산부인과병원

- 삼환아파트

- 세민빌딩

- 신아빌딩

- 아이파크위트니스

- 안국약품(주)

- 알앤비시스템(주)

- 엘지텔레콤

- 원희캐슬

- 월드컴 상암 프라자

- 잠사곤충부

- 조은상호저축은행

174

· 코리아건설(주)

· 코미코(주)

· 태안성호아파트

· 트레보스포츠센타

· 트윈파크

· 푸른연세 성형외과

· 하틀채아파트

· 한국메니텍제약

· 한국아파트

· 한국유통 평택지사

· 한국전력기술(주)

· 한라공조(주)

· 행정고시학원

· 호텔롯데

· 호텔캐슬

· 화서연세의원

· 희성전자(주)

나만의 승부 걸기

내게 성공은 아직 멀고 먼 이야기나 다름없다. 나는 오래 전부터 늘 이제 시작이라는 마음을 품고 있었다.

사실 나는 사장도 하나의 직업이며, 직업 중에서도 대단한 직업이라고 생각한다. 또 세상 사람들에게 사장이라는 직업은 멋있고 폼 나는 직함처럼 보인다. 그러나 과연 그렇기만 할까?

어떤 면에서 사장이라는 직업은 또 그 이면에 고뇌, 고민, 역경. 갈등, 위기, 고독감 등을 홀로 겪어내야 하는 무서운 직업이다. 또 기업의 경영은 늘 결과로만 판단된다. 과정이 중요하다는 건 사업에는 해당되지 않는 말이다. 즉 좋은 결과를 얻은 실적과 행동만이 올바른 평가를 받는다는 뜻이다.

때문에 나는 회사를 경영하고 싶다면 먼저 자신이 열정적인 경영자가 될 수 있는지를 고민해 봐야 한다고 생각한다. 그 중에서 가장 중요한 것은 '비전' '경쟁전략' '실행전략' 과 같은 3요소다. 예를 들어 나는 회사를 경영하면서 현장력을 높이는 데 주력했다. 현장이 곧 비즈니스이기 때문이다. 여기서 현장력이란 현장의 "자율적인 문제해결 능력"을 말한다.

나는 우리 회사가 행동하는 기업으로서 높은 이상을 가지고 기본에 충실하게 되기를 바란다. 또 사업 분야의 최고가 되기를 바란다. 많은 사람들이 '다른 사람이 시키는 일만 하다가 이대로 내 인생은 끝나고 마는 걸까?', '작은 규모라도 좋으니 과감히 회사를 떠나 독립하고 싶다.'고 생각한다. 이는 모든 샐러리맨들이라면 누구나 품어보는 생각일 것이다. 그리고 나는 그런 이들에게, 꿈을 꾸고 있다면 그 꿈을 실현하라고 말하고 싶다.

아무리 복리후생이 잘 되어 있어도, 만족할 만한 급여를 받아도 무언가 내 자리가 아니라는 느낌이 든다면, 그 사람에게는 어쩌면 사업이 어울릴지도 모른다. 물론 누구나 자신과 가족들을 위해 안정된 직업을 원하고, 그런 회사에서 일을 하지만, 그런 '안정'만으로는 결코 만족할 수 없는 사람도 있다.

즉 일에 대한 정열이 강하면, '어차피 땀 흘리며 일을 할 바에는 타인의 회사를 위해서가 아니라 작은 규모라도 좋으니 내 회사에서 내가 뜻한 바대로 사업하면서 살고 싶다.' 는 욕구도 강하다. 그런 이들은 항상 긍정적인 발상으로 사물을 바라보고, 일에 120%의 에너지를 쏟는다. 그런 사람에게 이런 욕구가 생기는 것도 어찌 보면 당연하다. 언젠가는 독립하겠다고 생각하는 사람들이 많은데, 이들 중에도 '성공하기 쉬운 유형' 과 '성공하기 어려운 유형' 이 있다. 만약 가까운 장래에 독립하여 회사를 차릴 계획을 갖고 있다면 자신이 전자인지, 아니면 후자인지 충분히 분석해 볼 필요가 있다. 만약 그러한 검토 작업 없이 충동에 의해 지금 다니는 회사를 그만둔다면 결국은 후회할 수 있다.

그렇다면 성공하기 쉬운 유형이란 어떤 사람을 말하는 것일까?

무엇보다도 성공하기 쉬운 사람은 개성이 강한 사람이다. 개성이 강하다는 말은 자아가 강하다는 뜻이 아니다.

간단히 말하면 자신이 자랑할 수 있는 분야에서 자신만의 전문 실력을 가지고 있는 사람을 가리킨다.

점점 치열해지는 비즈니스 사회에서 자신의 힘으로 회사를 설립하고 비즈니스를 성공시키기 위해서는 실제로 거액의 돈을 투자하기 전에 확고한 경영 방침과 비즈니스 전략이 필요하다. 만약 그렇지 않으면 이내 낙오자로 전락하는 치명적인 경험을 겪게 될 수도 있다. 필자도 사업을 해오면서 마찬가지로 비슷한 역경과 위기들을 경험했다.

세상에는 안일하게 돈을 벌려는 사람들이 많다. 하지만 비즈니스란 단순히 돈 버는 놀이가 아니다. 기세 좋게 단 한 번에 승부를 건다고 떠벌리며 계획성 없이 프로젝트를 진행하는 사람들을 수없이 봐왔다. 그런 사람들은 백발백중 큰 손실을 입고 말았다. 저축이나 빚으로 운용

되던 자금도 이내 바닥을 드러내면 파산이라는 최악의 결과가 다가오는 것도 불을 보듯 뻔한 일이다.

그렇다면 이런 함정에 빠지지 않기 위해서는 어떻게 해야 할까? 그것은 자사의 제품과 경영은 다른 회사와의 경쟁에서 살아남을 수 있는 형태로 만들어 고객에게 제공하는 것이다. 때문에 이를 위해서는 자신만의 분야에서 누구에게도 지지 않을 독자적인 개성으로 승부해야 한다. 이것은 절대적인 조건이다.

또한 경영자가 자신만의 독특한 분야에서 독자의 개성을 가지고 있으면 사원을 채용하고 통괄할 때도 카리스마를 발휘할 수 있고, 그 분야에서 자신만의 역할을 톡톡히 연기할 수 있게 된다. 직원들에게 일을 맡기고 사원들이 의욕이나 능력을 최대한 끌어올리는 것도 경영자의 역할 가운데 하나가 아닌가.

반면 비즈니스에서 발생하는 여러 가지 문제 해결을 담당자에게만 맡기는 경영자는 언젠가는 침몰할 운명을 안게 된다. 설령 사장으로서 침몰하지 않더라도 사원들의 신뢰감은 시간이 흐르면 흐를수록 떨어지고 어느 순간 소멸한다. 즉 경영자의 카리스마는 대기업 사장뿐만 아니라 중소기업 같은 소규모 조직을 운영해 나가는 데도 매우 중요한 요소라고 할 수 있으며, 때문에 회사의 규모가 작으면 작을수록 경영자의 카리스마가 더욱 필요하다.

그렇다면 성공하기 어려운 유형의 사람은 어떤 사람을 말하는 것일까?

개성 강한 인간이 성공하기 쉬운 유형이라면, 성공하기 어려운 유형은 반대로 개성 없는 유형이라고 생각할지 모른다. 하지만 세상일은 그렇게 단순하지 않다. 그보다 더 중요한 요소가 있다는 이야기다. 그것은 바로 독창성이 넘치는 독특한 비즈니스 계획을 가지고 있느냐, 그렇지 않느냐의 문제다.

회사를 세울 때는 가장 먼저 자신이 비즈니스에 대한 꿈을 가지고 있는지를 진지하게 자문해 봐야 한다. 하지만 단순히 꿈만 가지고는 충분하지 않다. 그저 단순한 꿈에서 머무르지 말고 현실을 응시한 뒤, 탄탄한 경쟁력을 갖춘 사업 계획을 세워야 한다. 즉 치열한 경쟁 속에서 성공할 수 있는 독자적인 상품이나 서비스를 개발하는 일이야말로 기업가에게 가장 먼저 요구되는 사항이다. 만일 그런 계획이 없다면 아무리 막대한 자금과 인재를 모아 회사를 설립해도 회사를 존속시키고 발전시키기 힘들다. '먹느냐 먹히느냐' 하는 치열한 경쟁에서 사업으로 성공을 거두기란 그야말로 낙타가 바늘구멍 지나기보다 어렵다. 순간적인 기발한 발상만으로는 자신의 꿈이 실현될 수 없다는 뜻이다.

21세기를 맞이하여 다양한 산업들이 발전하고 있으며, 세계 경제 역시 급격한 변화를 추구하고 있다. 아무리 많은 자금과 풍부한 경험, 사회적 상식, 지식, 교양 등을 갖추었다고 해도 '나만의 프로젝트로 승부를 걸겠다' 는 아이디어가 없으면 이익을 거두면서 비즈니스를 장기간 경영하는 것은 불가능하다는 점을 필히 명심하라.

창업을 꿈꾸는 모든 이들에게

비즈니스 전문가를 모십니다

세상은 빠르게 변화하고 있습니다.

창업은 하나의 크나큰 도전입니다.

청소나라용품 사업은 틈새 창업을 꿈꾸는 많은 이들에게

언제라도 시작할 수 있는 준비된 사업입니다.

창업을 꿈꾸고 있거나 청소용품사업에 뜻을 둔 분들은

지금 청소용품나라의 문을 두드려 주십시오.

창업 및 전국 지사 모집 문의 1588-3353

www.dmnts.co.kr

당신이 생각한 마음까지도 담아 내겠습니다!!

책은 특별한 사람만이 쓰고 만들어 내는 것이 아닙니다.
원하는 책을 기획에서 원고 작성, 편집은 물론,
표지 디자인까지 전문가의 손길을 거쳐
완벽하게 만들어 드립니다.
마음 가득 책 한 권 만드는 일이 꿈이었다면
그 꿈에 과감히 도전하십시오!

업무에 필요한 성공적인 비즈니스 뿐만 아니라 성공적인 사업을 하기 위한
자기계발, 동기부여, 자서전적인 책까지도 함께 기획하여 만들어 드립니다.
함께 길을 만들어 성공적인 삶을 한 걸음 앞당기십시오!

도서출판 모아북스에서는 책 만드는 일에 대한 고민을 해결해 드립니다!

모아북스에서 책을 만들면 아주 좋은 점이란?

1. 전국 서점과 인터넷 서점을 동시에 직거래하기 때문에 책이 출간 되자마자 온라인,
오프라인 상에 책이 동시에 배포되며 수십년 노하우를 지닌 전문적인 영업마케팅
담당자에 의해 판매부수가 늘고 책이 판매되는 만큼의 저자에게인세를 지급해
드립니다.

2. 책을 만드는 전문 출판사로 한 권의 책을 만들어도 부끄럽지 않게 최선을 다하며
전국 서점에 베스트셀러, 스테디셀러로 꾸준히 자리하는 책이 많은 출판사로 널리
알려져 있으며, 분야별 전문적인 시스템을 갖추고 있기 때문에 원하는 시간에
원하는 책을 한치의 오차없이 만들어 드립니다.

시집, 소설집, 수필집, 시화집, 경제·경영처세술

개인회고록, 사보, 카탈로그, 홍보자료에 필요한 모든 인쇄물

www.moabooks.com

411-817 경기도 고양시 일산구 백석동 1332-1 레이크하임 404호
대표전화_0505-6279-784 FAX_0502-7017-017